ADAC Reiseführer

W0069462

Fuerteventura

von Sabine May

 ADAC Top Tipps

Das müssen Sie gesehen haben!
Die zehn Top Tipps bringen Sie
zu den absoluten Highlights.

 ADAC Empfehlungen

Unterwegs gut beraten: Diese
25 ausgesuchten Empfehlungen
machen Ihren Urlaub perfekt.

Preise für ein DZ mit Frühstück:
€ | bis 70 €
€€ | bis 130 €
€€€ | ab 130 €

Preise für ein Hauptgericht:
€ | bis 11 €
€€ | bis 18 €
€€€ | ab 18 €

◼ Intro

Impressionen 4

Auf einen Blick 9

◼ ADAC Quickfinder

Das will ich erleben 10

*Hier finden Sie die Orte, Sehens-
würdigkeiten und Attraktionen,
die perfekt zu Ihnen passen.*

◼ Unterwegs

**Puerto del Rosario und
der Norden** 16

**1 Puerto
del Rosario** 🗺 18

2 Puerto Lajas 27

3 Parque Holandés 28

4 Corralejo 29

5 Lajares 35

6 El Cotillo 36

7 Villaverde 39

8 La Oliva 🗺 40

9 Tindaya 45

10 Tetir 48

11 Tefía 50

**12 El Puertito de
Los Molinos** 50

13 Casillas del Ángel 51

Übernachten 52

**Die Südostküste und
das Inselzentrum** 54

14 Caleta de Fuste 56

**15 Las Salinas del
Carmen** 59

16 Pozo Negro 61

17 Las Playitas 63

18 Gran Tarajal 64

19 Giniginámar 65

20 Tarajalejo 66

21 La Lajita 67

22 Tuineje 68

23 Tiscamanita 70

24 Antigua 71

25 **Ampuyenta** 74
Übernachten 76

**Das Bergland im Westen
der Insel** 78
26 **Valle de Santa Inés** 80
27 **Betancuria**  82
28 **Vega de Río Palmas** 89
29 **Pájara** 91
30 **Ajuy** 92
31 **El Cardón** 95
Übernachten 97

**Die Halbinsel Jandía
im Süden** 98
32 **La Pared** 100
33 **Costa Calma** 100
34 **Risco El Paso** 104
35 **Esquinzo** 105
36 **Morro Jable** 106
37 **El Puertito de la Cruz** 115
38 **Cofete** 116
Übernachten 119

■ Service

Fuerteventura von A–Z 122

*Alle wichtigen reisepraktischen
Informationen – von der Anreise
über Notrufnummern bis hin zu
den Zollbestimmungen.*

Festivals und Events 126
Chronik 136
Mini-Sprachführer 137
Alle Blickpunkt-Themen
in diesem Band 138
Register 138
Bildnachweis 141
Impressum 142
Mobil vor Ort 144

 *Zu diesen Orten und Sehens-
würdigkeiten finden Sie Detailkarten
im Innenteil des Reiseführers.*

Umschlag:

ADAC Top Tipps: Vordere
Umschlagklappe, innen ❶

ADAC Empfehlungen: Hintere
Umschlagklappe, innen ❷

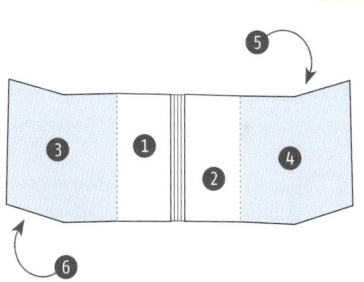

Fuerteventura Nord:
Vordere Umschlagklappe, innen ❸
Fuerteventura Süd:
Hintere Umschlagklappe, innen ❹

Stadtplan Puerto del Rosario:
Hintere Umschlagklappe, außen ❺
Drei Tage auf Fuerteventura:
Vordere Umschlagklappe, außen ❻

Fuerteventura – Insel der wunderbaren Strände

Heller Sand wechselt mit dunklen Lavaklippen ab,
in den Bergen liegen Oasen und weiße Dörfer

Windmühlen – Relikte aus der Zeit, als Fuerteventura Kornkammer der Kanaren war

Die Afrika am nächsten gelegene Insel des Kanarenarchipels erfreut sich dank ihres ganzjährig sommerlichen Klimas und der attraktiven Strände großer Beliebtheit als Urlaubsziel. Mit Palmenoasen und kargen, oft von Sanddünen überrollten Böden wirkt Fuerteventura geradezu wüstenhaft. Zunächst sind es die Landschaften, die den Besucher faszinieren. Im Norden wechseln weißer Sand und dunkle Klippen ab, dahinter reihen sich Vulkane. Rote Erde prägt das Bauernland im Inselzentrum. Als weiße Tupfer liegen die Dörfer mittendrin. Im westlichen Bergland ist Ocker der vorherrschende Farbton. Palmen überragen dort in den malerischen Ortschaften die Häuser. Die grauen Strände der Ostküste wirken oft noch wie unberührt, meist werden sie links liegen gelassen. Denn die ganz große

Attraktion Fuerteventuras sind die orangegelben, viele Kilometer langen Sandstrände der Halbinsel Jandía, deren nur auf Pisten zu erreichender Westen noch so manches Abenteuer verspricht. Die Kultur steht dahinter zurück, muss sich aber nicht verstecken. Auf moderne Kunst setzt die Hauptstadt Puerto del Rosario

Mittelalters zu entdecken. Aus den Jahrhunderten der Feudalherrschaft blieben Paläste, Kirchen und sogar eine Kathedrale erhalten.

Das sind die Highlights

Viel besucht sind natürlich die Strände, etwa die weißsandigen Grandes Playas bei Corralejo oder auf der Halbinsel Jandía der Lagunenstrand Playa Barca und die brandungsumtoste Playa de Cofete. Dann darf ein Besuch im Gebirge nicht fehlen, wo aussichtsreiche Straßen zu pittoresken Ortschaften führen. Allen voran sind hier die alte Hauptstadt Betancuria, das

Aloe-vera-Pflanzungen sind auf der Insel ein vertrauter Anblick (oben) – Geländewagen mit Surfbrett auch (unten)

mit ihrem Skulpturenpark und einem avantgardistischen Ausstellungsgebäude. Das Kunstzentrum von La Oliva strahlt weit über Fuerteventura hinaus. Über die Insel verteilte Museen widmen sich der bäuerlichen Vergangenheit, der Salzgewinnung in Salinen und der handwerklichen Fischerei. Mancherorts sind noch Spuren der Ureinwohner oder der ersten europäischen Siedler des ausgehenden

![Kirche in Betancuria]

Die alte Hauptstadt Betancuria gilt als Kleinod (oben) – Farbenfroh zeigt sich der Karneval in Corralejo (Mitte) – Die Insel ist ein Dorado für Surfer (unten)

zu nennen. Ins Inselzentrum locken das Mühlenmuseum von Tiscamanita, das Käsemuseum von Antigua und das Museumsdorf bei Tefía ebenso wie die faszinierenden Aloe-vera-Plantagen. An der Ostküste stehen unter den dortigen Fischersiedlungen das weiße Dorf Las Playitas und das sehr ursprüngliche Pozo Negro ganz oben in der Gunst der Besucher.

Im Norden lohnen insbesondere das Städtchen La Oliva mit seinen beachtlichen Baudenkmälern, Lajares mit seinen Kultlokalen und der pittoreske Fischerhafen El Cotillo einen Besuch. Unter den sonstigen Attraktionen rangiert ganz vorne der Oasis Park bei La Lajita mit allerlei exotischen Tieren, darunter einer großen Herde des Fuerteventura-Kamels und einem botanischen Garten, in dem die kana-

Oasendorf Vega de Río Palmas, die noble Stadt Pájara mit ihrer bemerkenswerten, aztektisch dekorierten Kirche und das urige Fischerdorf Ajuy

rische Flora neben Wüstenpflanzen aus aller Welt gedeiht.

So tickt die Insel

Oft sind es die liebenswerten Details am Rande, die Aufmerksamkeit auf sich ziehen. Ins Schaufenster eines Restaurants hat jemand die Figur eines Kamels gestellt. Zwei knallblaue Holzbänke stehen einladend vor einer Fischerkate mit ebenso blauer Tür und blauen Fenstern. Vom klassischen Holzbalkon eines herrschaftlichen Hauses grüßt ein Wetterhahn herab. Ein Wandgemälde an einem ansonsten eher schmucklosen Gebäude zeigt eine schlanke Frauengestalt mit schwerem Korb auf dem Kopf und einem Tintenfisch auf der Schulter. Zu Rauschebart und Filzhut trägt die Vogelscheuche auf dem Acker eine Sonnenbrille. Dieser subtile Sinn für Humor der »Majoreros«, wie sich die Bewohner Fuerteventuras nach ihren prähistorischen Vorfahren nennen, zeigt sich auch in der Sprache. Es gibt kaum etwas, das sie nicht mit einer Verkleinerungsform verniedlichen. So ist etwa der »copito« ein Gläschen, das

> *Eine Wüste ist dieser erhabene und geliebte, weltabgeschiedene Erdenfleck Fuerteventura – eine der Inseln, die man einst die Glückseligen nannte […]. Ein nacktes, skeletthaftes, karges Land aus nichts als Knochen, ein Land, das eine ermüdete Seele zu stählen vermag.*
>
> Miguel de Unamuno (1864–1936)

man sich, gefüllt mit Wein, irgendwann zwischendurch am Tresen einer Bar gönnt. Mit der Weltläufigkeit ihrer

Karge Flora mit vereinzelten Dattelpalmen prägt das Landschaftsbild bei Antigua

Nachbarn von Gran Canaria oder Teneriffa haben die »Majoreros« nichts am Hut. Dafür ist die Welt nun dank des Tourismus zu ihnen gekommen. Durch Zuwanderung von Arbeitskräften aus Spanien und Nordafrika wie auch von mittel- und nordeuropäischen Residenten, die sich wegen der Sonnengarantie dauerhaft hier niedergelassen haben, sind sie auf der Insel zur Minderheit geworden. Gern ziehen sie sich in ihre Refugien zurück, in die ihnen kaum jemand der Zugezogenen folgt. Sie vergnügen sich auf traditionellen Volksfesten und verbringen ihre Freizeit mit der Familie in ländlichen Ausflugslokalen oder in den Fischerorten, wo sie mit dem eigenen kleinen Boot zum Angeln hinausfahren. Derweil haben die Residenten ihre eigene Infrastruktur entwickelt.

Die Jüngeren treffen sich in den Szenekneipen und an den Surferstränden des Nordens, die älteren auf dem Golfplatz oder im Yogastudio.

Die touristische Infrastruktur

Fuerteventura lebt zum überwiegenden Teil vom Tourismus. Da eher zahlungskräftige Gäste angelockt werden sollen, sind vor allem Hotels der gehobenen bis Luxuskategorie vorhanden. Unter den großen Ferienorten ist Corralejo der bunteste, mit einer jungen Surferszene und einem gewissen Nachtleben, das sich vorwiegend in Pubs und Cocktailbars abspielt. Individualisten und Wellenreiter zieht es eher in das Fischerdorf El Cotillo. Als familienfreundlich gilt die weitläufige Urlaubersiedlung Caleta de Fuste, in der auch Golfer zwei groß-

Bei Corralejo besticht der lange, einsame Sandstrand mit Blick zur Insel Lobos

zügige Plätze finden. Einen bescheidenen Anteil am touristischen Kuchen haben sich die Fischerorte Las Playitas und Tarajalejo gesichert. Die weitaus meisten Urlauber quartieren sich allerdings auf der Halbinsel Jandía ein, wo Costa Calma Hotels und Bungalowanlagen für Badegäste und Surfer bietet, Esquinzo mit sportorientierten Ferienclubs punktet und Morro Jable nicht nur ein Hotelviertel, sondern nebenan auch einen gewachsenen Ort mit authentischer Atmosphäre vorweisen kann. Die Badestrände sind mit sanitären Einrichtungen und Strandlokalen ausgestattet. In den Ferienorten gibt es Anbieter für verschiedene Wassersportarten, Fahrradverleihfirmen, Autovermietungen und natürlich jede Menge Restaurants, Cafés und Einkaufsmöglichkeiten.

Inselhauptstadt Puerto del Rosario

Sprache Spanisch; häufig wird Englisch oder Deutsch verstanden

Währung Euro

Fläche 1660 km², knapp doppelt so groß wie Berlin

Einwohner 107 500

Staatsform Die Kanarischen Inseln sind eine Autonome Gemeinschaft innerhalb Spaniens mit eigenem Parlament.

Tourismus Jährlich 2,3 Mio. Urlauber, es führen Deutsche (950 000) vor Briten (530 000) und Spaniern (140 000).

Religion 85 % Katholiken, 10 % Muslime, 5 % Sonstige

Wichtigste Vokabel »mañana« (morgen) – Man hat zwar nicht mehr so viel Zeit wie früher, doch Ungeduld gilt als uncool.

Berühmtester Einwohner ist der spanienweit bekannte Tenor José Antonio Concepción, der sogar schon in der Metropolitan Opera in New York auftrat.

Anzahl der Ziegen 75 000, davon ca. 50 000 Milchziegen und ca. 25 000 sogenannte Küstenziegen, die frei herumlaufen.

Bekanntestes Erzeugnis »Majorero«, ein würziger Schnittkäse aus Ziegenmilch.

Das will ich erleben

An den berühmten Stränden Fuerteventuras tummeln sich Badeurlauber und Wassersportler. Helle Dünen und Palmenoasen schließen an. Da darf ein Kamelritt nicht fehlen. Im Hinterland drehen sich Windmühlen, gedeiht Aloe vera auf kargen Feldern, liefern Ziegen Milch für den Inselkäse. Zicklein ist auch die Spezialität vieler Landlokale. Authentisches Flair haben die Fischerhäfen, pralle Atmosphäre bieten die Märkte. Freuen Sie sich im Bergland über die Ausblicke, und wandeln Sie auf den Spuren früher normannischer und kastilischer Siedler.

Die schönsten Strände

Kilometerlang, weißsandig und naturbelassen sind die Grandes Playas bei Corralejo. Intimer zeigen sich die kleinen, von Lavaklippen umrahmten Badebuchten bei El Cotillo, die Caletillas. Wind- und Kitesurfer lieben den Lagunenstrand Playa Barca. Die goldsandige, brandungsreiche Playa de Cofete bietet sich für ausgedehnte Strandspaziergänge an.

4 **Grandes Playas bei Corralejo** 29
Ein traumhafter Dünenstrand
6 **Caletillas bei El Cotillo** 36
Nette kleine Badebuchten
38 **Playa de Cofete** 117
Hier toben die Naturgewalten

Ruhige Palmenoasen

Palmen spenden dem Stadtpark von Gran Tarajal Schatten. Das Bauerndorf Vega de Río Palmas wirkt dank der majestätischen Bäume wie eine Oase, ebenso der feuchte Mündungsbereich des Barranco de la Madre del Agua bei Ajuy, wo in aufgelassenen Wasserrinnen und Zisternen Frösche quaken.

18 **Gran Tarajal** 64
Fuerteventuras größter Palmenhain
28 **Barranco de Las Peñitas, Vega de Río Palmas** 90
Eine Oase in den Bergen
30 **Barranco de la Madre del Agua** 94
Froschteiche unter Palmen

Kamelritte für Familien

Schon vor Jahrhunderten wurden Dromedare aus Nordafrika nach Fuerteventura gebracht. Heute schaukeln sie Touristen durch die Gegend, im Oasis Park bei La Lajita, am Strand von Caleta de Fuste und auf dem Bauern- und Kunsthandwerkermarkt von Tetir.

10 **Mercado Artesanal de Tetir** 49
Der quirlige Markt bietet Gelegenheit zum Kamelritt
14 **Caleta de Fuste** 59
Eine kleine Gruppe von Dromedaren wartet am Strand
21 **Oasis Park bei La Lajita** 67
Hier lebt die größte Kamelherde der Insel

Historische Windmühlen

Exemplare vom Typ Molina und Molino stehen in Puerto Lajas und Lajares. Viel Wissenswertes vermittelt das Mühlenmuseum in Tiscamanita. Eine besonders schöne Windmühle gibt es im Norden von Antigua.

2 **Puerto Lajas** 27
Filigrane Mühle vom weiblichen Typ
5 **Lajares** 35
Zwei Mühlen stehen sich gegenüber
23 **Centro de Interpretación de los Molinos, Tiscamanita** 70
Museum mit funktionierender Gofio-Mühle
24 **Museo del Queso Majorero, Antigua** 72
Windmühle als Wahrzeichen des Käsemuseums

Die »Wüstenlilie« Aloe vera

Der Boom von Produkten aus Aloe vera hat Fuerteventura eine neue Einnahmequelle beschert. In La Oliva ist der Pflanzung ein kleines Museum angeschlossen. Biologisch wirtschaftet eine Finca bei Pozo Negro. Und mit Savimax lädt die größte Plantage der Insel zur Besichtigung ein.

8 **Museo La Fabrica Aloe Vera, La Oliva** 45
Ausstellung mit Plantage und Verkauf
16 **Verde Aurora, bei Pozo Negro** 62
Kultiviert Aloe vera ökologisch neben Ölbäumen
24 **Savimax, bei Antigua** 73
Die größte Aloe-vera-Pflanzung der Insel

Ziegenkäse und Zicklein

Noch ganz traditionell arbeitet die Ziegenkäserei von Tindaya, während man in Casillas del Ángel neue Wege geht. Zicklein wird in vielen Restaurants aufgetischt.

7 El Horno in Villaverde 39
Zickleinbraten aus dem Ofen
9 Quesería Hijos de Vera, Tindaya 47
Ziegenkäse aus dem Hirtendorf
13 Quesería Felipa La Montañeta, Casillas del Ángel 51
Kreative Vielfalt von Sorten
27 Casa Santa María in Betancuria 87
Feines Lokal mit Zicklein als Spezialität

Freuden des Wassersports

Wind- und Kitesurfer zieht es an Hotspots wie Playa Barca und die brandungsreiche Playa del Castillo bei El Cotillo, während Bodysurfer der Strand von La Pared anlockt. Surfer, Segler und Taucher finden ideale Bedingungen in der Meerenge El Río bei Corralejo.

4 Grandes Playas bei Corralejo 29
El Dorado für Wasserratten
32 Der Strand von La Pared 100
Der kräftige Wellengang lockt Bodysurfer an
33 Die Lagune von Playa Barca 101
Surferparadies für Anfänger und Profis

Bunte Fischerhäfen

Kleine Boote laufen von El Cotillo noch zum Fischfang aus. Die wenigen Fischer von Pozo Negro beliefern zwei einfache Strandlokale. In Ajuy sind im Sommer viele Freizeitfischer aktiv. Größere Fangboote legen in Morro Jable ab.

6 El Cotillo 36
Hafenrestaurants verarbeiten den frischen Fang
16 Pozo Negro 61
Bilderbuch-Fischerdorf mit urigen Lokalen
30 Ajuy 92
Kein Geheimtipp mehr, aber immer noch authentisch
36 Puerto de Morro Jable 108
Hier wirken die Profis der Fischereigenossenschaft

Vielfältige Märkte

Wochenmärkte für Kleider, Hausrat und allerlei Tand haben auf den Kanaren Tradition. Auf den kleineren Erzeugermärkten verkaufen Bauern und Kunsthandwerker.

4 **Mercadillo de Corralejo** 32
Bunter Trödelmarkt mit zahlreichen Ständen

8 **Mercado de las Tradiciones in La Oliva** 45
Ein anspruchsvoller Erzeugermarkt

21 **Mercado Agro-Artesanal am Oasis Park** 68
Sonntagsmarkt mit Kunsthandwerk

36 **Mercadillo de Morro Jable** 112
Viel Trubel auf dem Wochenmarkt

Großartige Aussichten

In den gebirgigen Westen der Insel locken Sehenswürdigkeiten mit spektakulären Ausblicken. Eine Künstlerin schuf den Mirador de Morro Velosa. Von der Passstraße Degollada de Los Granadillos überblickt man ockerfarbene Berge. Ein astronomischer Lehrpfad führt zum Mirador de Sicasumbre und lädt zum »Sternegucken« ein.

27 **Mirador de Morro Velosa** 88
Künstlerisch gestalteter Aussichtspunkt mit Fernblick

28 **Degollada de Los Granadillos** 91
Aussichtsreiche Passhöhe an der Bergstraße

31 **Mirador de Sicasumbre bei El Cardón** 96
Nächtlicher Blick auf die Sterne

Historische Spuren

In Betancuria erinnern Eselsjochbögen und eine ehemalige Kathedrale an die Normannen, die Fuerteventura eroberten. Für die spanischen Feudalherren spielten auch La Oliva und Valle de Santa Inés eine wichtige Rolle.

8 **La Oliva** 40
Einstiges Zentrum der Macht

26 **Ermita de Santa Inés** 80
Kirche aus frühen Zeiten

27 **Betancuria** 82
Die Hauptstadt der ersten Siedler

Unterwegs

Hellsandige Strände auf der Halbinsel Jandía oder bei Corralejo ziehen Badegäste und Wassersportler an. Doch auch die wüstenartige Landschaft im Inselinneren findet viele Liebhaber

Puerto del Rosario und der Norden

Die Inselhauptstadt gibt sich untouristisch. Mit weißen Naturstränden punkten die Ferienorte weiter nördlich

11 Tefía 50
12 El Puertito de Los Molinos 50
13 Casillas del Ángel 51
Übernachten.. 52

ADAC Top Tipps:

Casa Museo Unamuno, Puerto del Rosario
| Museum |

In dem Stadthaus neben der Kirche, das seinerzeit als Hotel diente, verbrachte der baskische Dichter und Philosoph Miguel de Unamuno 1924 sein viermonatiges Exil. 21

Grandes Playas, Corralejo
| Strand |

Weiß glitzert der Sand in den Buchten der 8 km langen Strandzone, seitlich durch dunkle Klippen, hinten durch ein riesiges Dünenfeld begrenzt. Bis auf zwei Hotels blieb das gesamte Gebiet unbebaut und steht unter Naturschutz. 29

Casa de los Coroneles, La Oliva
| Palast |

Hier residierten zwischen 1708 und 1859 die Obersten, die zugleich militärischen wie zivilen Herrscher der Insel. Das typisch kanarische Gebäude mit Patio gilt als größtes Gutshaus des Archipels. 41

Nur wenige Inselbesucher zieht es in die Hauptstadt Puerto del Rosario, wo die Einheimischen in die Strandorte Corralejo und El Cotillo strömen. Äußerst ruhig geht es in den ländlich geprägten Gebieten fernab der Küste zu, so auch in der Kleinstadt La Oliva.

In diesem Kapitel:

1 Puerto del Rosario 18
2 Puerto Lajas 27
3 Parque Holandés 28
4 Corralejo 29
5 Lajares 35
6 El Cotillo 36
7 Villaverde 39
8 La Oliva 40
9 Tindaya 45
10 Tetir 48

9

ADAC Empfehlungen:

 Parque Escultórico, Puerto del Rosario
| Skulpturenpark |
Die Straßen und Plätze der Hauptstadt sind mit modernen Plastiken geradezu gespickt. 20

 Mercado Artesanal Canario, Corralejo
| Kunsthandwerkermarkt |
Wirklich authentisches Kunsthandwerk von den Kanaren lässt sich auf diesem Markt erstehen. 32

 Isla de Lobos
| Insel |
Von Corralejo durch die Meerenge El Río getrennt, wartet das Eiland mit jeder Menge Natur auf. 34

 El Mirador, El Cotillo
| Restaurant |
Das populäre Fischlokal am alten Hafen besitzt eine großartige Aussichtsterrasse. 37

 Faro de El Tostón
| Leuchtturm |
Fuerteventuras Museum für handwerklichen Fischfang logiert im Gebäude des alten Leuchtturms, ein neuer steht gleich nebenan. 38

 Casa Mané, La Oliva
| Kunstausstellung |
Ein Kunstmäzen aus Gran Canaria sammelte in einem alten Herrenhaus Werke von Inselkünstlern. 42

 Ecomuseo La Alcogida, Tefía
| Museumsdorf |
Ein ganzer Ortsteil, von seinen Bewohnern verlassen, wurde als Freiluftmuseum wieder mit Leben erfüllt. 50

 Barcélo Corralejo Sands, Corralejo
| Hotel |
In der Nähe des Zentrums und doch relativ ruhig gelegen ist das recht neue Hotel eine gute Wahl für Paare und Familien. 52

1 Puerto del Rosario

Inselhauptstadt mit sprödem Charme und viel Kunst

Eine Hauptstadt putzt sich heraus: Puerto del Rosario und sein Hafen

ℹ Information

■ Patronato de Turismo, Calle Almirante Lallermand 1, Tel. 928 53 08 44, www.visitfuerteventura.es
■ Oficina de Turismo Municipal, Rotonda de la Explanada, Tel. 928 85 01 10, www.turismo-puertodelrosario.org
■ Parken: siehe S. 22

In den letzten Jahren hat sich Puerto del Rosario (28 500 Einw.) herausgemacht. Früher eher unattraktiv, zeigt sich die Hauptstadt inzwischen vielerorts im neuen Gewand. Jüngst wurde die Promenade am Hafen modernisiert. Die Häuserzeile dahinter hat durch freche Wandgemälde einen frischen Look bekommen. Landeinwärts führt die ehemalige Prachtallee Calle León y Castillo, an der in den Bürgerhäusern des 19. Jh. heute einige Restaurants und Kneipen untergebracht sind. Vor der Pfarrkirche erweitert sie sich zur zentralen Plaza de la Iglesia, an der sich auch einige Verwaltungsgebäude erheben. Der bunte Kiosk auf dem Platz ist Treffpunkt der älteren Anwohner. Dort plaudern sie über die neuesten Fußballergebnisse und gönnen sich im Stehen einen Drink. Die Jüngeren sitzen lieber in den Straßencafés der angrenzenden Fußgängerzone Calle Primero de Mayo, aus der

Plan
S. 24/25

und das Karminrot der Koschenillelaus von hier aus verschifften. Es kam zu einer wirtschaftlichen Belebung, und 1860 wurde Puerto de Cabras sogar zur Inselhauptstadt erklärt. Ab etwa 1900 schlief der Handel jedoch wieder ein, die Stadt versank in Provinzialität. In den 1950er-Jahren versuchte man erneut, einen Aufschwung einzuleiten. Damals erfolgte die Umbenennung in Puerto del Rosario, da der alte Name inzwischen als unpassend empfunden wurde. Heute profitiert die Stadt durch den Tourismusboom auf der Insel und entwickelt sich immer mehr zu einem wichtigen Ziel für Kreuzfahrtschiffe.

 Sehenswert

① Iglesia Nuestra Señora del Rosario
| Kirche |
Die Pfarrkirche im Stil einer kanarischen Ermita, mit nur einem Schiff und

allerdings die meisten Geschäfte inzwischen an die Peripherie der Stadt oder in das große Einkaufszentrum Las Rotondas (S. 23) umgezogen sind.

Als Pfarrgemeinde wurde Puerto del Rosario erst 1806 gegründet. Zuvor hatten die Obersten von La Oliva (S. 42) hier bereits Hafenanlagen betrieben, um exportieren zu können, ohne Steuern an den Feudalherren zu entrichten, der die drei offiziellen Häfen El Cotillo, Caleta de Fuste und Puerto de la Peña (Ajuy) kontrollierte. Nach dem Hauptausfuhrprodukt hieß der Ort zunächst Puerto de Cabras (Ziegenhafen). Bald ließen sich englische Händler nieder, die Soda, Kalk

ADAC *Mobil*

Eine Besonderheit im Straßenverkehr ist zu beachten, da sie zu Missverständnissen führen kann. Wenn der Vorausfahrende **links blinkt**, will er nicht unbedingt abbiegen, sondern anzeigen, dass wegen eines **Hindernisses** nicht überholt werden soll. Das **Linksabbiegen** hingegen erfolgt auf breiteren Straßen fast immer zunächst auf einer separaten Spur nach rechts, bevor dann die gesamte Straße überquert wird.

Im Blickpunkt

 Parque Escultórico

In den Straßen von Puerto del Rosario stehen mehr als 100 Skulpturen, die seit 2001 auf unregelmäßig stattfindenden Symposien im Hafengelände entstanden sind. Die Idee zu diesem Projekt hatte der einheimische Künstler Toño Patallo. Arbeiten diverser Bildhauer von den Kanaren, aus Spanien und anderen Ländern sind zu sehen. Puerto del Rosario hat sich dadurch zu einem Ziel für Kunstbegeisterte entwickelt. Die Skulpturen häufen sich in der Innenstadt sowie an der Hafenstraße Avenida de los Reyes de España. Der in Frankreich lebende Rumäne Nicolae Fleissig schuf den Monolith »Tectonic« (Calle Primero de Mayo) und gestaltete den Springbrunnen auf der Rotonda de la Explanada. Silverio López aus Gran Canaria verewigte den verstorbenen Maler Suso Machín als Tauben fütternden Mann vor der Pfarrkirche und würdigte mit der »Pinta de los Vientos« (Windzange) in der Calle León y Castillo/Ecke Calle Sevilla die Käseproduktion. Von Emiliano García Hernández aus Lanzarote stammen die Bronzefigur von Miguel de Unamuno vor dessen Museum (S. 21), der Seemann »El Marinero« vor der Hafenmole und der Wasserträger »El Aguador« (Calle León y Castillo/Ecke Avenida Juan de Bethencourt). Ein Blickfang am Hafen ist die Statue des alten Fischers (»Pescador de Viejas«) des aus Pájara stammenden Bildhauers Juan Miguel Cubas (S. 49). Ebenso die Bronzeskulptur »Equipaje de Ultramar« (Übersee-Gepäck) des Basken Eduardo Úrculo neben der Cafeteria Los Paragüitas (Avenida de los Reyes de España), eine Hommage an die Emigranten von früher, sowie »Las Caracolas« (Die Muscheln) aus Aluminium von Félix Juan Bordes Caballero an der Hafenpromenade. In der Stadt weisen Informationstafeln auf die Skulpturen hin.

erhöhtem Chor, entstand ab 1824 und wurde der Rosenkranzmadonna geweiht, deren Statue man 1806 aus Tetir überführt und zunächst in einem Lagerhaus am Hafen verehrt hatte. Jüngeren Datums ist der Vorbau mit dem wuchtigen Glockenturm. Er wurde um 1930 angebaut, im damals auf den Kanaren aktuellen eklektizistischen Stil. Dieser kombinierte architektonische Elemente der Vergangenheit neu. Ein schönes Beispiel dieses Stils findet sich u.a. im Dorf Tetir (S. 48) mit der dortigen Kirche aus dem 18. Jh.

■ Plaza de la Iglesia, tagsüber meist geöffnet, ansonsten zu Messen tgl. 19 (Sommer 20), So auch 9 und 11 Uhr

② Casa Museo Unamuno
| Museum |

1 *Ehemaliges Stadthotel, wo Miguel de Unamuno im Exil lebte*

Das Stadthaus mit dem typischen Innenhof ist im Stil der 1920er-Jahre eingerichtet. Teilweise wurde Originalmobiliar verwendet, etwa der Schreibtisch, den der Dichter und Philosoph Miguel de Unamuno (1864–1936) bei seinem Aufenthalt in Puerto del Rosario von März bis Juli 1924 benutzte. Außerdem werden Fotografien und Texte aus dieser Zeit gezeigt. Unamuno hatte als Professor an der Universität Salamanca gelehrt. Aufgrund seiner Kritik an der Militärdiktatur unter General Primo de Rivera wurde er nach Fuerteventura verbannt. Dort hielt es ihn allerdings nicht lange. 1925 gelang ihm die Flucht nach Südfrankreich (Hendaye); 1930, nach dem Sturz der Diktatur, kehrte er in sein Heimatland Spanien zurück.

■ Calle Virgen del Rosario 11, www.artesaniaymuseosdefuerteventura.org, Mo–Fr 9–14 Uhr, Eintritt frei

Gefällt Ihnen das?

Wenn Sie sich für die **Casa Museo Unamuno** begeistern, sollten Sie auch das **Denkmal** für den Dichter bei Tindaya (S. 47) besuchen. Fasziniert Sie vor allem die Einrichtung des Museums, dann schauen Sie doch einmal in der **Casa Museo Dr. Mena** in Ampuyenta (S. 75) vorbei. Das Ambiente ist ganz ähnlich, nur stammt das Mobiliar aus dem 19. Jh.

③ Centro de Arte Juan Ismael
| Kunsthalle |

Ein ehemaliges Kino von 1960 wurde zum Kunstpalast erweitert, die alte Fassade hat man geschickt in den modernen, würfelförmigen Bau integriert. Um den hellen Innenhof gruppieren sich auf drei Stockwerken Säle, in denen in Wechselausstellungen die Werke vor allem einheimischer Künstler bewundert werden können. Einer von ihnen war Juan Ismael González (1907–1981) aus La Oliva, dessen Namen das Zentrum trägt. Im Museumsladen werden Kunst, Kunsthandwerk und Bücher verkauft.

■ Calle Almirante Lallermand 30, Di–Sa 9–13, 17–21 Uhr, Eintritt frei

④ Playa de Los Pozos
| Strand |

Der Hausstrand von Puerto del Rosario grenzt südwestlich an den Hafen, durch die Mole von diesem getrennt. An deren Kopf erhebt sich das Skelett eines Brydewals, der Teil des inselumspannenden Wal-Lehrpfads ist (S. 60, 108). Mit rund 250 m nimmt sich die Länge des auch unter dem Namen Playa Chica bekannten Strandes eher bescheiden aus. Dennoch erfreut sich dieser Abschnitt wegen der zentralen Lage großer Beliebtheit. Die angrenzende Promenade lädt zum Joggen und Flanieren ein.

■ Avenida de los Reyes de España

⑤ Palacio de Formación y Congresos de Fuerteventura
| Veranstaltungshalle |

Das von seinem Architekten Jorge Sastre wie ein Schiff, den Bug zum Meer gerichtet, gestaltete Gebäude ist das neue Wahrzeichen der Stadt. Südlich der Playa Chica wurde der fünfstöckige Bau, dessen Kosten sich auf 23 Mio. Euro beliefen, in die Verlängerung der Uferpromenade einbezogen. Im Januar 2015 eröffnete der Kongresspalast, der auf rund 5000 m^2 Fläche Räumlichkeiten für Messen, Ausstellungen, Bildungszwecke sowie einen im Stil eines Amphitheaters angelegten Konzertsaal mit Platz für 1260 Menschen beherbergt.

■ Calle Eliseo Gómez Ordóñez 3, www.cabildofuer.es

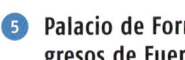
ADAC *Spartipp*

Freier Eintritt
Da sich auf Fuerteventura die meisten kulturellen Angebote an Touristen wenden, von denen die Insel großenteils lebt, wird selbstredend auch vielerorts Geld verlangt. Bei den Sehenswürdigkeiten der Hauptstadt Puerto del Rosario ist dies allerdings nicht der Fall. Hier erheben sowohl die Casa Museo Unamuno als auch das Centro de Arte Juan Ismael keine Eintrittsgebühr, und der in der Stadt verteilte Skulpturenpark ist ohnehin kostenfrei zu besichtigen.

 Verkehrsmittel

Bus: Verbindungen in alle Inselteile ab Busbahnhof (Estación de Guaguas) in der Avenida de la Constitución. Zwischen 7 und 22 Uhr startet ein Stadtbus zu jeder vollen Stunde (am Sonntag nur 9–12, 17–19 Uhr) am Busbahnhof und dreht eine Runde, die das Einkaufszentrum Los Rotondas, die Playa Blanca und das Centro de Arte Juan Ismael passiert (www.puertodelrosario.org, Stichwort: Transportes). Tickets (Einzelfahrt 1 €) beim Fahrer.
Flughafenbus und **Fähren** S. 123

 Parken

Das gebührenfreie Parkhaus unter dem **Centro Comercial Las Rotondas** (S. 23; 5–10 Min. Fußweg ins Stadtzentrum) füllt sich am Vormittag recht schnell, daher empfiehlt sich frühes Kommen. Ansonsten ist der gesamte **Innenstadtbereich** blaue oder grüne Zone mit Parkautomaten (0,65 €/h). Kostenpflichtig ist Parken in blau markierten Bereichen Mo–Fr 9–14, 17–20 Uhr (max. 2 Std. erlaubt), in grünen Mo–Fr 9–20 Uhr (max. 3 Std.). Das Einbahnstraßensystem mit vielen Sackgassen erschwert die Orientierung, daher kann die Suche nach einer freien Lücke vor allem vormittags recht aufwändig sein. Am Nachmittag ist weniger los. Ein geräumiger Parkplatz an der **Hafenstraße** (Avenida de los Reyes de España) wird demnächst auch gebührenpflichtig sein.

Ψ Restaurants

€€ | Casa Toño Ein mediterranes Restaurant neuen Stils, das die asturische Küche pflegt. Charmantes Ambiente, professionell geführt. ■ Calle Alcalde Alonso Patallo 8, Tel. 928 34 47 36, Mo–Sa 12–16, 20–24 Uhr, Plan S. 24/25 c4

€€ | El Cangrejo Colorao In dem bewährten Restaurant am Meer verkehren viele einheimische Gäste. Der Stil ist klassisch spanisch, das Preis-Leistungs-Verhältnis korrekt. ■ Calle Juan Ramón Jiménez 1, Tel. 928 85 84 77, Di–Sa 13–16.30, 20–24, So 13–16.30 Uhr, Plan S. 24/25 d3

€€ | La Jaira de Demian Die Gastrobar hat neuen Schwung in die Kulinarik-Szene von Puerto del Rosario gebracht. Viele regionale Zutaten, alles wird nach Möglichkeit selbst gemacht. Schöne Tapas, Tagesmenü, freundlicher Service. ■ Calle de la Cruz 26, Tel. 928 53 37 84, Di–Do 13–16, 20–23, Fr, Sa 13–16, 20–23.30, So 13–16 Uhr, Plan S. 24/25 d3

 Cafés

Cappuccino Beliebtes Café mit Tischen in der Fußgängerzone, gute italienische Kaffeeauswahl. Ansonsten

ADAC *Mobil*

Parken im Zentrum
Parkgebühren werden praktisch nur im Innenstadtbereich von Puerto del Rosario und in wenigen anderen Orten an ganz zentralen Stellen erhoben, dort stehen jeweils Parkautomaten. Zu erkennen sind diese Bereiche an den blauen oder grünen Markierungen am Boden. Ansonsten kann man überall noch gebührenfrei parken, sogar an viel besuchten Stränden.

liegt der Schwerpunkt eher auf Tapas und belegten Brötchen, weniger auf Kuchen. ■ Calle Primero de Mayo 54, Tel. 928 07 28 24, Mo–Sa 6–16 Uhr, Plan S. 24/25 d4

 Einkaufen

Centro Comercial Las Rotondas Fuerteventuras größtes Einkaufszentrum mit rund 90 Geschäften auf vier Etagen, darunter den Stores bekannter

Der Rosenkranzmadonna geweiht: Iglesia Nuestra Señora del Rosario (S. 19)

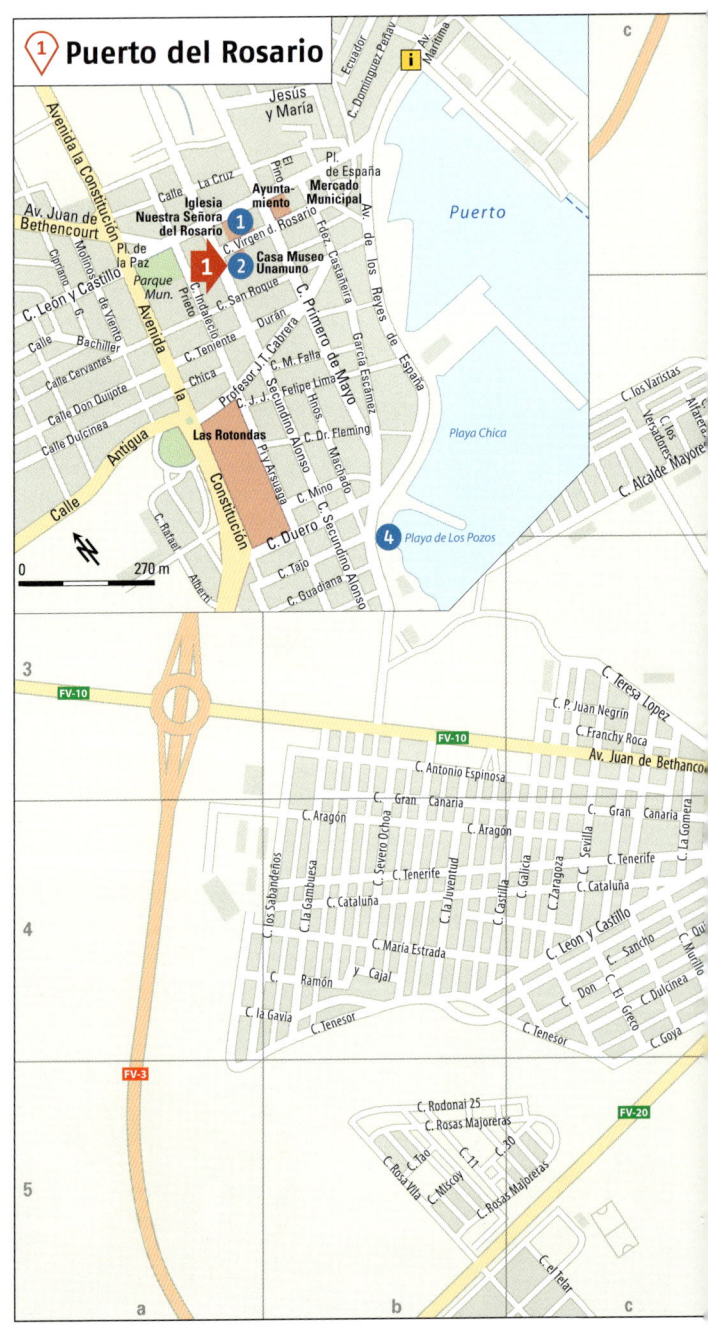

Map

d   e   f

1

C. Barquillos

C. Barquillos

C. Barquillos

C. Barquillos

C. Cantador Manuel Navarro

C. Alfonso XIII

C. Hernán Cortes

C. Viriato

C. Juan XXIII

Av. Manuel Velázquez Cabrera

C. Comandante Díaz Trayter

C. Almirante Lallermand

2

C. Gran Capitán

3 Centro de Arte Juan Ismael

Mayo

C. Hispanidad

C. Domínguez Peña

Av. Maritima

Atlantischer

Av. Primero de Mayo

C. S. Corazón

i

Ozean

3

**Iglesia Nuestra
Señora del Rosario**

C. la Cruz
y Castillo

C. Rosario

1

1 **2** **Casa Museo Unamuno**

C. Molinos de Viento

Av. de la Constitución

C. Indalecio Prieto

C. I. Cabrera

C. Primero de Mayo

C. J. J. de Felipe Lima

Av. de los Reyes de España

Puerto

C. Dulcinea

C. Secundino

C. F. Pt y

C. Duero

C. Ctra. Alonso Arriaga

4 *Playa de
Los Pozos*

4

t siehe

Ctra. los Pozos

C. Júcar

FV-2

C. P. de Cabras

5 **Palacio de Formación y
Congresos de Fuerteventura**

C. América

C. los Hibiscos

Playa

5

0   300 m

Blanca

d   e   f

spanischer Modemarken wie Zara oder Cortefiel sowie großem Supermarkt und einigen Fast-Food-Restaurants. ◾ Calle Francisco Pi y Arsuaga 2, www.lasrotondascentrocomercial.com, Mo–Sa 9–22 Uhr, Parkgarage (gratis), Plan S. 24/25 d4

Mercado Agrario de Fuerteventura »La Biosfera« Wochenmarkt mit saisonalen Produkten der Insel: Obst, Gemüse, Käse, Ziegen- und Lammfleisch, Eier, Olivenöl, Wein, Kosmetika aus Aloe vera. Außerdem Gebäck, Salinensalz, frischer Fisch, Kunsthandwerk. Alles wird hier direkt vermarktet, unter Ausschluss des Zwischenhandels. ◾ Avenida de la Constitución (im Obergeschoss des Busbahnhofs), Sa 9–14 Uhr, Plan S. 24/25 d3

Kneipen, Bars und Clubs

La Tierra Die derzeit wohl beliebteste Kneipe der Stadt, mit toller Atmosphäre und guter Bierauswahl. Am Wochenende oft Livemusik, ansons-

ADAC *Mittendrin*

Wer sich in Puerto del Rosario unter die Einheimischen mischen möchte, wird vor allem in der Fußgängerzone **Calle Primero de Mayo** fündig. Dort verbringen viele, die in der Stadt arbeiten oder einkaufen, eine Pause in einem der zahlreichen Straßencafés. So bietet es sich an, einen Stadtrundgang hier zu unterbrechen und es den Inselbewohnern gleichzutun. Unbedingt an Werktagen kommen, denn am Wochenende ist gar nichts los!
Fußgängerzone, Calle Primero de Mayo, Plan S. 24/25 d4

ten Musik der 1970er-/1980er-Jahre. Jeden Mittwoch gibt es eine Jamsession. Wer ein Instrument mitbringt, darf gerne mitmachen. ◾ Calle Eustaquio Gopar 3, So–Do 19–2, Fr, Sa 19–4 Uhr, Plan S. 24/25 d3

Events

Carnaval Puerto del Rosario hat den buntesten Fasching der Insel, mit dreiwöchigem Programm über den Aschermittwoch hinaus. Mit Kindergala, nächtlichen Tanzveranstaltungen, großem Umzug und viel traditioneller und lateinamerikanischer Karnevalsmusik. Zum Abschluss findet die traditionelle »Beerdigung der Sardine« statt, zu der alle in schwarzer Kleidung erscheinen. Jedes Jahr stehen die Feierlichkeiten unter einem anderen Motto. ◾ www.puertodelrosario.org, Eintritt frei

Fiesta de la Virgen del Rosario Große Kirmes in den zwei Wochen um den Ehrentag der Stadtheiligen (7. Okt.). Jahrmarkt am Hafen, nächtliche Tanzbälle im Freien, Prozession mit Folkloregruppen. Am meisten los ist an den Wochenenden. ◾ www.puertodelrosario.org, Eintritt frei, Plan S. 24/25 d3

Lebrancho Rock Rockfestival mit Nachwuchsgruppen aus ganz Spanien, die hier erstmals einen ganz großen Auftritt haben. Meist am Wochenende vor Ostern. ◾ Plaza de La Paz, www.lebranchorock.com, Eintritt frei, Plan S. 24/25 d3

In der Umgebung

Playa Blanca
| Strand |

Vergleichsweise wenig besucht ist dieser 900 m lange, von Dünen gesäumte saubere Sandstrand. Die Bebauung beschränkt sich auf den ehemaligen Parador am Südrand, ein Hotel der berühmten spanischen Luxuskette, das viele Jahre wegen Umbau geschlossen war. 2017 wurde es als Hotel El Mirador de Fuerteventura mit Sitz der örtlichen Hotelschule wiedereröffnet. Für die ursprüngliche Architektur im neokanarischen Stil zeichnete José Enrique Marrero Regalado aus Teneriffa verantwortlich. Er entwarf das Haus im Stil eines traditionellen Gutshofs mit Anklängen an nordafrikanische Karawansereien. Nun bevölkern wieder Hotelgäste den gepflegten Strand, der sich ansonsten vorwiegend am Wochenende mit Stadtbewohnern belebt. Wermutstropfen sind die Autobahn, die etwa 200 m hinter der Playa Blanca verläuft, und der nahe Flughafen. Ein Pluspunkt sind die sanitären Einrichtungen und die Bewachung von Mitte Juni bis Mitte Oktober. Auch ist der Strand barrierefrei zu erreichen und gilt zudem als sehr kinderfreundlich. Abgesehen von Bar und Restaurant im Hotel ist keine Gastronomie vorhanden.

■ südl. von Puerto del Rosario

2 Puerto Lajas

Am Fischerstrand tummeln sich am Wochenende einheimische Familien

Die Bewohner von Puerto del Rosario verbringen hier gerne ihre Freizeit. Sie angeln, baden an dem dunklen Strand oder sitzen in einem der Lokale. Ein paar Fischer fahren bei ruhiger See noch mit kleinen, offenen Booten hinaus. Am Südrand des Ortes steht eine schön restaurierte Windmühle vom Typ Molina (siehe »Im Blickpunkt«).

Im Blickpunkt

Männliche und weibliche Mühlen

Zahlreiche Getreidemühlen drehten sich früher auf Fuerteventura, das als Kornkammer der Kanaren galt. Rund 40 sind noch erhalten. Die klassische Turmwindmühle (»molino«) nach kastilischem Vorbild hat vier, manchmal auch sechs Flügel an einer drehbaren Holzkappe, die dem Turm mit Mahlwerk aufsitzt. Sehenswerte Exemplare befinden sich in Tiscamanita (S. 70) und Antigua (S. 71). Demgegenüber ist die um das Jahr 1800 auf der Insel La Palma entwickelte Mühle ungleich filigraner, weshalb sie mit der weiblichen Form »molina« benannt wurde. Ihre Flügel sitzen an einer Gitterkonstruktion aus Holz, die direkt auf dem Haus des Müllers steht. Außer in Puerto Lajas findet sich auch eine »molina« in Lajares (S. 35).

Restaurants

€ | Los Tres Cabritos Witziges Strand-lokal mit gutem, deftigem Essen. Vieles kommt vom Grill, etwa Huhn oder Lamm. Abends am Wochenende oft Musikveranstaltungen. ■ Avenida Vela Latina 51, Tel. 620 66 03 18, Mo 10–17, Di–So 10–22 Uhr

3 Parque Holandés

Die Apartment- und Ferienhaussied-lung liegt abseits vom Trubel

Das Herzstück der modernen Wohn-siedlung stellt der »holländische Park« dar. Ein niederländischer Architekt entwarf die Anlage, deren Villen und Ferienwohnungen teilweise von ihren Besitzern über das Internet vermietet werden. Später kamen weitere Anlagen hinzu, in denen auch viele Pendler wohnen, die in Corralejo oder Puerto del Rosario arbeiten. Der 500 m breite, karge Streifen zwischen Parque Holandés und der Klippenküste blieb bislang unbebaut. So ziehen dort Wochenendfischer nach wie vor ihre Boote an den winzigen Sandstrand von El Jablito.

 Restaurants

€ | Don Pepe Das Ausflugslokal füllt sich am Wochenende mit Familien. Fleisch vom Grill, Zicklein und Lamm spielen die Hauptrollen. ■ Calle Pri-

Nur ein paar Schritte sind es vom Zentrum Corralejos zur Playa del Muelle Chico

mero de Mayo 1, Tel. 928 86 39 92, www.
donpepefuerteventura.com, Mo 9–16,
Di–So 9–22 Uhr

Entspannung

Centro Mirak Das Wellnesszentrum
auf einem 5000 m² großen, landschaft-
lich reizvollen Areal ist eine Oase der
Ruhe. Eine Tageskur mit zwei Massagen, vulkanischer Schlammpackung
und Benutzung von Pool, Jacuzzi und
Sauna kostet 69 €. Weitere Anwendun-
gen gegen Gebühr. Nur für Erwachsene. ■ Calle Primero de Mayo 1, Tel. 928
17 53 38, www.centromirak.com, diverse
Massagen (30 Min. ab 22 €), Körperpee-
ling (20–27 €), Aromatherapie (30 Min.
25 €), Hot Stone (80 Min. 50 €)

4 Corralejo

*Die große Ferienstadt bietet einen der
schönsten Strände der Insel*

Information

■ Oficina de Turismo, Avenida Marítima 2,
Tel. 928 86 62 35, www.visitcorralejo.com

Aus einem Fischerdorf hervorgegan-
gen, entwickelte sich Corralejo zu einer der größten Urlaubersiedlungen
Fuerteventuras mit 20 000 Gästebetten. Das Publikum ist international. An
der Meerespromenade vor der Alt-
stadt und in den angrenzenden Gassen hat sich eine lebendige Restau-
rantszene etabliert. Corralejo ist auch
für sein Nachtleben bekannt, das sich
in Pubs und Musikbars abspielt. Der
Hafen, in dem heute neben Fischer-
booten zahlreiche Jachten liegen und
die Fähren nach Lanzarote ablegen, ist
Ausgangspunkt für Segeltörns, Boots-
und Tauchausflüge. In der Meerenge
El Río zwischen Corralejo und der Insel
Lobos flitzen Wind- und Kitesurfer hin
und her. Wellenreiter zieht es an die
exponierten Spots der Klippenküste
im Norden. Südlich des Hafens vor den
Hotels erstrecken sich mehrere kleinere Badebuchten. Die wahre Attraktion
von Corralejo sind jedoch die Grandes
Playas außerhalb des Ortes.

Sehenswert

Grandes Playas
| Strand |
 *Heller Sand und flache
Lavaklippen*
Die 8 km lange Naturstrandzone blieb
bis auf zwei einsame Hotels, um die
sich einige Strandlokale gruppieren,

Mit Ruhe, Schönheit und Abgeschiedenheit locken die geschützten Grandes Playas

völlig unbebaut. Seit 1982 steht das Gebiet unter Naturschutz. Die nordöstlich vorgelagerte Insel Lobos hält hohe Brandung fern, daher eignen sich die Grandes Playas relativ gut zum Baden. In ihrem Hinterland, jenseits der Landstraße FV-1, erstreckt sich das riesige Dünenfeld El Jable. Nur wenige Tierarten leben in dem gewaltigen Sandkasten. Zu ihnen zählt die seltene Fuerteventura-Kragentrappe, ein großer Laufvogel, der in Bodenwellen brütet. Bei einer Erkundungstour zu Fuß lassen sich Fossilien entdecken, die ovalen Nester von Erdbienen, die hier vor Jahrtausenden unter feuchteren Klimaverhältnissen existierten.

Verkehrsmittel

Autofähre siehe S. 110

Personenfähre: Zur unbewohnten Isla de Lobos pendeln kleine Fähren der Grupo Lobos (Tel. 619 30 79 49, 646 53 10 68, 699 68 72 94, www.excursionesmaritimaslobos.com) im Sommer ca. 7 x tgl., im Winter 4–5 x tgl. (Fahrzeit 15 Min.). Tickets am Hafenschalter, Hin- und Rückfahrt 15 €, erm. 7,50 €. Morgens startet die erste Fähre um 10 Uhr. Der Termin der Rückfahrt wird beim Ticketkauf verabredet.

Bus: Häufig nach Puerto del Rosario und Lajares/El Cotillo. Busbahnhof (Estación de Guaguas) in der Avenida Juan Carlos I (westl. Ortsrand, ca. 15 Min. Fußweg zum Zentrum).

Minizug: Innerorts verkehrt der »mini-tren« auf Rädern ca. 10–18 Uhr, am Wochenende auch abends, auf einem 30-minütigen Sightseeing-Rundkurs durch das Stadtzentrum. Gestartet wird in der Avenida Nuestra Señora del Carmen (dem »strip«) beim Restaurant Garden Grill. Unterwegs keine Aussteigemöglichkeit; 5 €, erm. 4 €.

P Parken

Gebührenfreie Parkplätze hinter dem **Hafen** und in der angrenzenden **Calle Malpaís** (wichtig für Bootsausflügler!). Frühzeitiges Kommen, am besten vor 10 Uhr, empfiehlt sich, da es im weiteren Tagesverlauf eng wird. Wer das Stadtzentrum besuchen möchte, steuert am besten den Parkplatz in der **Calle Palangre** an (gebührenfrei, 10 Min. Fußweg zum Zentrum). Auch das Parken in den schmalen **Einbahnstraßen** westlich des verkehrsberuhigten Zentrums ist gratis. Weitere Parkmöglichkeiten auf Erdparkplätzen beim **Busbahnhof** (15 Min. Fußweg zum Zentrum). Viele Hotels bieten ihren Gästen Parkplätze oder Parkgaragen, oft gegen Gebühr (ca. 6 € pro Tag). An den Grandes Playas gibt es in der Nähe des Hotels **Riu Oliva Beach** gebührenfreie Parklücken, die aber je nach Saison knapp werden können. An der Zufahrt zum Hotel **Riu Tres Islas** besteht Parkverbot. Im weiteren Verlauf der Grandes Playas gibt es entlang der FV-1 hier und da ausgewiesene Parkzonen, etwa bei Km 22 am (inoffiziellen) **FKK-Strand**. Aus Gründen des Naturschutzes sollte nicht »wild« geparkt werden.

Restaurants

€ | Gilda Nettes kleines Lokal, dessen Spezialität Tapas und »pinchos«, aufwändig belegte Brote auf baskische Art, sind. Täglich wechselnde Speisekarte. ■ Calle Delfin, Tel. 928 53 58 90, tgl. 12–23.30 Uhr

€€ | Casa Manolo In dem familiengeführten Restaurant kommt frisch gekochtes Essen auf den Tisch. Zur Paella schmeckt Sangría mit vielen Früchten.

■ Calle Crucero Baleares 13, Tel. 928 86 65 75, Di–Fr 18–24, Sa 13–17, 20–24, So 13–17 Uhr

€€ | La Taberna Das alteingesessene Lokal wird auch von einheimischen Gästen geschätzt. Bewährt für Steaks, Paella, Meeresfrüchte. ■ Calle Hernán Cortés, Tel. 928 53 50 27, Mo–Sa 18–24 Uhr

€€ | Mesón Las Tejas Hier wird typisch kanarisch gespeist, etwa gegrillter Fisch mit »papas arrugadas« und »mojo«. ■ Calle Dr. Aristides Hernandez Morán 10, Tel. 676 31 01 94, Do–Di 13–16, 18–23 Uhr

Cafés

Café de Paris Gut mit Hefeschnecken, Palmherzen und anderen süßen Teilchen bestückte Theke. Außen Tische in einer kleinen Fußgängerzone, innen nostalgischer französischer Stil. ■ Paseo Atlántico, Tel. 928 53 51 32, tgl. 8–20 Uhr

ADAC *Mobil*

Nach **Lanzarote** und **Gran Canaria** werden organisierte Tagesausflüge ab Fuerteventura angeboten. Individueller und preisgünstiger ist die Fahrt in eigener Regie, die sich per Fährschiff recht einfach realisieren lässt. Ab Corralejo geht es nach Playa Blanca an der Südküste von Lanzarote (s. Verkehrsmittel). Dort empfiehlt sich die Anmietung eines Wagens (z. B. am Fährhafen bei Cicar, www.cicar.com), um etwas von der Insel zu sehen. Ab Morro Jable gelangt man per Express-Fähre (S. 110) nach Las Palmas, der Hauptstadt von Gran Canaria. Diese bietet so viel, dass der Tag im Nu vergeht.

Beim Drachenfest an den Grandes Playas sind der Fantasie keine Grenzen gesetzt

🛍 Einkaufen

Clean Ocean Project Die auf Fuerteventura ansässige Initiative kämpft für die Vermeidung schwer abbaubaren Abfalls zum Schutz der Weltmeere und Strände. Verkauf von T-Shirts, Sweatshirts und Taschen aus Öko-Materialien mit dem Logo der Organisation. ■ Calle General García Escámez 32, www.cleanoceanproject. org, Mo–Sa 10–14, 17.30–20.30 Uhr

Galería La Fuentita Bekanntester Souvenirladen im Ort. Modernes Kunsthandwerk, Dekoartikel, Modeschmuck, vieles davon auf Fuerteventura produziert. ■ Calle La Galera 2, Mo–Sa 10.30–22.30, So 11–22 Uhr

Mercadillo de Corralejo Auf dem bunten Wochenmarkt mit rund 150 Ständen kaufen Einheimische Kleidung und Hausrat, Touristen stöbern nach Mitbringseln. ■ Avenida Nuestra Señora del Carmen (beim Acua Water Park), Di und Fr 9–14 Uhr

 Mercado Artesanal Canario Anspruchsvoller Markt für kanarisches Kunsthandwerk, etwa Stickereien, Körbe oder Keramik, sowie kulinarische Spezialitäten von den Inseln. Oft treten Folkloregruppen auf. Gratis-Parkgarage vorhanden.
■ Centro Comercial El Campanario, Calle Hibisco 1, www.commercialcentercampanario.com, Do und So 10–14 Uhr

🍸 Kneipen, Bars und Clubs

Blanco Café Angesagte Cocktailbar mit aktueller Musik, Lounge und Terrasse. ■ Calle La Iglesia 27, tgl. 18.30–2 Uhr

Rock Café Fuerteventura Hier wird Musik der 1980er-/1990er-Jahre oft live

Fr–Di 10.30–17.30, Juni–Aug. tgl. 10–18 Uhr, 25 €, erm. 19 €

Excursiones Marítimas Lobos Bei geeignetem Wetter geht es mit dem Glasbodenboot zur einstündigen Panoramatour entlang der Strände von Corralejo und der Küste von Lobos. Die Gegend gilt als besonders fischreich. Mit Badepause, Schnorchelausrüstung wird gestellt. ■ Puerto de Corralejo, Tel. 619 30 79 49, 646 53 10 68, 699 68 72 94, www.excursionesmaritimaslobos.com, tgl. 13, im Sommer zusätzlich 17.15 Uhr, 20 €, erm. 10 €

 Events

Festival Internacional de Cometas Drachenlenker aus ganz Europa treffen sich vier Tage lang an den Grandes Playas, um ihre fantasievollen, farbenprächtigen Konstruktionen im Passatwind steigen zu lassen. Jeder kann mitmachen! Drachen im Flugzeug als Sondergepäck anmelden! ■ Playa de El Burro (nördl. der Riu-Hotels), www.laoliva.es, um das zweite Wochenende im November, Eintritt frei

in passendem Ambiente präsentiert. Gute Mixgetränke, kleine Speisekarte, tolle Atmosphäre. ■ Avenida Nuestra Señora del Carmen (Centro Comercial Plaza), www.rockcafefuerteventura.com, tgl. 9–2 Uhr

 Kinder

Acua Water Park Der einzige Wasserpark Fuerteventuras bietet diverse Pools und Rutschen, allen voran den »reißenden Fluss«, sowie ein Wellenbad und für die Eltern Sonnenliegen und den Big Jacuzzi. Mit Kinderclub für die ganz Kleinen, Poolbar und Selbstbedienungsrestaurant. Gratis-Parkplatz. An manchen Wochentagen Zubringerbusse von anderen Ferienorten. ■ Avenida Nuestra Señora del Carmen 41, Tel. 928 86 72 27, www.acuawaterpark.com, April, Mai und Sept., Okt.

 Erlebnisse

Catlanza Der schnittige Hochsee-Segelkatamaran läuft zu mehrstündigen Ausflügen zu den herrlichen Papageienstränden im Süden Lanzarotes aus. Die Familientour »Gold« (59 €, erm. 39 €) ist für alle Altersgruppen gedacht, Piratenspaß inklusive. Nur an Erwachsene wendet sich die »Platin«-Tour (64 €), bei der unterwegs ein Champagner-Cocktail serviert wird. Abholung an Hotels in Corralejo und Caleta de Fuste im Preis inbegriffen. ■ Puerto de Corralejo, Tel. 928 51 30 22, www.catlanza.com

Sport

Flag Beach Professionell geführte Wind- und Kitesurfschule. Auch Wellenreiten und Katamaransegeln. ■ Playa de la Galera, Tel. 928 86 63 89, www.flagbeach.com, Anfänger-Tageskurs 70 bzw. 130 €

Punta Amanay Tauchbasis unter deutsch-belgischer Leitung, die Kurse durchführt und Tauchgänge organisiert. ■ Calle El Pulpo (Dunas Club), Tel. 928 53 53 57, www.punta-amanay.com, Schnuppertauchen 84 €

SUP Surf School Fuerteventura Hier kann der Trendsport Stand Up Paddle in zwei Stunden einigermaßen passabel erlernt werden. ■ Tel. 633 56 25 38, www.supschoolfuerteventura.com, 50 €

Vulcano Biking Verleih für Mountainbikes, Rennräder und Kinderräder. Auch geführte Touren sind möglich. ■ Calle Acorazado España 10, Tel. 928 53 57 06, www.vulcano-biking.com, Mo–Sa 10–13, 18–20 Uhr, Mountainbike-Verleih ab 6 €/Tag

 In der Umgebung

Isla de Lobos
| Insel |

 Durch eine Meerenge voneinander getrennt

Die 2 km breite Meerenge El Río trennt Fuerteventuras kleine Nachbarinsel von Corralejo. Regelmäßig fahren Personenfähren hinüber (S. 30). Auf dem Eiland wohnt heute niemand mehr dauerhaft. Einheimische Angler bevölkern die winzige Fischersiedlung El Puertito vor allem in den Ferien. Familien tummeln sich dann an der von Klippen eingerahmten Sandbucht Playa de La Calera. Das einzige Lokal von El Puertito öffnet unregelmäßig. Trinkwasser und Proviant sollten Tagesausflügler also in jedem Fall mitführen. Die Fähren legen an der kurzen Steinmole vor einem Besucherzentrum an, das über Flora und Fauna, Geologie und Geschichte von Lobos informiert. Früher lebte auf dem Eiland die Mittelmeer-Mönchsrobbe, der für

Ein »blaues Wunder« erwartet Ausflügler beim Besuch des Eilands Isla de Lobos

die Insel namengebende »lobo marino« (Meerwolf). Jäger, die den Speck der Tiere zur Ölgewinnung nutzten, rotteten sie im 19. Jh. aus.

Auf einem gut ausgeschilderten Rundweg (3 Std., einfach) lässt sich die von winzigen Vulkankegeln (»hornitos«) übersäte Insel komplett kennenlernen. Etappenziel an der Nordspitze ist ein Leuchtturm (Faro de Martiño), von dessen Terrasse sich ein schöner Blick zur nahen Nachbarinsel Lanzarote bietet. Der Leuchtturm ist noch in Betrieb, das Leuchtfeuer jedoch seit den 1970er-Jahren automatisiert.

5 Lajares

Durchreisende Surfer finden hier
Kultlokale und Profi-Ausstatter

Die lange Calle Coronel Gonzalez del Hierro verläuft von Ost nach West durch das Dorf. An ihr reihen sich Geschäfte und vor allem auffällig viele Lokale aneinander, deren Tische auf den Straßenterrassen sich ab dem späteren Vormittag mit Urlaubern füllen. Viele Surfer pendeln je nach Wind- und Wetterlage zwischen den Stränden von Corralejo und El Cotillo hin und her, nicht ohne unterwegs in Lajares einzukehren. Es geht ausgelassen und szenig zu, aus den Lautsprechern schallt alternative Musik, auf den Speisekarten stehen vegetarische und vegane Gerichte. Das ehemals bäuerliche Lajares lässt sich noch abseits der Hauptstraße entdecken. Richtung Süden führt die Calle Central zur bescheidenen Wallfahrtskirche Ermita de San Antonio (Anfang 20. Jh.). Neben ihr steht eine Windmühle vom Typ Molino, gegenüber erhebt sich eine grazile Molina (»Im Blickpunkt«, S. 27).

Im Blickpunkt

Junge Vulkane

Die Vulkanreihe zwischen Lajares und Corralejo entstand vor rund 8000 Jahren bei den wohl letzten Eruptionen auf Fuerteventura über einer Spalte in der Erdkruste. Gewaltige Lavaströme ergossen sich nach Norden ins Meer und schufen die zerküftete, unwirtliche Küste im Norden Fuerteventuras. Bis auf die winzige Fischersiedlung Majanicho und einige verstreute Ziegenhöfe blieb diese Gegend unbesiedelt. Ein Wanderweg (hin und zurück 1,5 Std.) beginnt am Nordrand von Lajares, an der Straße nach Majanicho. Dort folgt man der Beschilderung SL FV 2 nach rechts auf die in allen Gelb- und Rottönen schimmernde Montaña Colorada (244 m), umgeht diese südlich und zweigt auf einer steinigen Hochfläche links ab zum Aussichtspunkt am Calderón Hondo (278 m) mit Blick in dessen 70 m tiefen Krater (mit Rückweg 1,5 Std., leicht).

Restaurants

€€ | **La Cancela** Ein echter Italiener mit netter Atmosphäre in einem Landhaus und mit krossen Pizzen, bei deren Zubereitung man zuschauen kann. Im Angebot sind auch viele vegetarische Optionen. ■ Calle Central 2, Tel. 928 86 85 68, www.pizzeria-lacancela.com, Mi–Mo 17–23 Uhr

Cafés

Mazzo Zeitgemäßes Lokal mit appetitlich angerichtetem Kuchen und frisch gepressten Obstsäften. Auch zum Frühstück oder für ein kleines Mittagessen eine gute Wahl. ■ Calle Coronel Gonzalez del Hierro 13, Tel. 928 86 42 29, Mo–Sa 8–19, So 8–16 Uhr

Einkaufen

Artesanía Lajares Schon vor Jahrzehnten gegründetes Stickereizentrum, das einheimische Frauen beschäftigt. Große Auswahl an typisch kanarischen Spitzen. ■ Calle Coronel González del Hierro 14, Mo–Fr 9–19, Sa 9–15 Uhr

North Shore Werkstatt des ehemaligen Surfweltmeisters Jürgen Hönscheid mit gut sortiertem Shop für Boards und Accessoires. Auch Leihbretter (6–9 €/Tag). ■ Calle Coronel González del Hierro (gegenüber dem Fußballstadion), www.northshore-fuerteventura.com, Mo–Sa 10–14 Uhr

Kneipen, Bars und Clubs

Café Canela Am späteren Abend oft Livemusik. Vorher genießt man einen Drink oder Snack, gern an den Tischen vor der Tür. ■ Calle Coronel González

del Hierro 30, www.canela-cafe.net, tgl. 8–23.30 Uhr

El Cotillo

Fischerort mit schönen Stränden und Unterkünften für Individualtouristen

Wer es etwas geruhsamer angehen möchte, urlaubt gern in El Cotillo. Der alte Dorfkern ist noch ganz ursprünglich mit seinem alten, nicht mehr genutzten Hafen, dem Puerto Antiguo, um den sich die Häuser der Fischer drängen. In einigen haben sich Restaurants und Kneipen eingerichtet, die dank des besonderen Flairs immer gut besucht sind. Südlich grenzt an den Ort die langgestreckte Playa del Castillo, die sich wegen der oft hohen Brandung bei Wellenreitern großer Beliebtheit erfreut. Zum Baden besser geeignet sind die stillen Caletillas im Norden. Die erste und größte dieser durch Lavaklippen voneinander getrennten Sandbuchten, die Playa de Los Lagos, ist touristisch durch ein Hotel und mehrere kleine Apartmentanlagen erschlossen.

Sehenswert

Castillo de El Tostón
| Festung |
Der Rundturm entstand nach dem Angriff britischer Korsaren auf Tuineje im Jahr 1740 (S. 68). El Cotillo war damals einer von drei Exporthäfen auf Fuerteventura, die durch Festungen gesichert wurden. Der Hafen zu Füßen des Castillo erhielt in jüngerer Zeit eine hohe Mole. Jetzt liegen hier Fischerboote. Von der Dachterrasse des Wehrturms bietet sich ein Panoramablick über den Ort und die Playa del

Castillo de El Tostón: eine Festung mit Weitblick zum Schutz vor Piratenübergriffen

Castillo. Neben dem Turm steht das Skelett eines Cuvier-Schnabelwals.
■ Calle Castillo de Rico Roque, Mo–Fr 9–16, Sa, So 9–15 Uhr, 1,50 €

P Parken

Die beste Parkmöglichkeit besteht am Südrand von El Cotillo beim **Castillo de El Tostón** (gebührenfreier Erdparkplatz, je 5 Min. Fußweg zum Puerto Antiguo und zur Playa del Castillo). Es macht wenig Sinn, weiter ins Ortszentrum hineinzufahren, da Parklücken dort knapp sind. Wer die Caletillas besucht, steuert am besten den großen Erdparkplatz an der zweiten Bucht, der **Playa de La Concha**, an. Bei den kleineren nördlichen Buchten liegt die Asphaltdecke der Straße deutlich über dem Niveau des angrenzenden Geländes, was das Parken sehr erschwert.

Restaurants

€ | El Chiringuito de Yolanda (Bar Central) Aus einer Fischerkneipe entstandenes Lokal am alten Hafen. Nette Atmosphäre, gut geeignet für ein leichtes Mittagessen. ■ Calle del Muelle de Pescadores 4, So–Fr 10–20 Uhr

 €€ | El Mirador Von der oberen Terrasse bietet sich ein sensationeller Blick auf den Puerto Antiguo, wenn man einen Tisch an der Meerseite ergattert hat. Aus der Küche kommen typisch kanarische Gerichte mit Betonung auf Fisch, eher unspektakulär, aber solide. So lieben es die Einheimischen, die das Restaurant am Wochenende füllen. ■ Calle Muelle Chico, Tel. 928 53 88 38, tgl. 11–24 Uhr

€€ | El Roque de los Pescadores Ein bewährter Klassiker mit großer Außenterrasse am neuen Hafen. Der

ADAC *Wussten Sie schon?*

Die **hellen Strände** Fuerteventuras geben oft Anlass zu der Spekulation, ihr Sand sei von Afrika herübergeweht worden. Immerhin liegt die Insel nur etwa 120 km von der marokkanischen Küste entfernt. Dennoch kann der Wind Sandkörner nicht über diese Distanz transportieren. Vielmehr handelt es sich um winzige Bruchstücke der Kalkschalen von Muscheln und Meeresschnecken, die von der Brandung zerrieben wurden. Meist sind dunkle Körner aus Lavagestein beigemischt.

Schwerpunkt liegt auf Fisch und Meeresfrüchten. ■ Calle Mallorquin 2, Tel. 928 53 87 13, tgl. 12–23.30 Uhr

Cafés

El Mentidero Im modernen maritimen Stil dekoriert. Guter Kaffee und schöne Tortenauswahl, außerdem frisch gepresste Säfte und Milchshakes, belegte Brötchen, Tortilla. ■ Calle Punta Aguda 1, Tel. 928 53 87 64, Di–So 8–17 Uhr

Kneipen, Bars und Clubs

Coyote Bar Nette Musikbar mit Blick auf den alten Hafen und erschwinglichen Cocktails. Oft greifen Musiker zur Gitarre und interpretieren Santana oder Eric Clapton. ■ Calle Gran Canaria 40, tgl. 18–2 Uhr

Kinder

Granja Tara Auf diesem deutschsprachigen Reiterhof, der sich um notleidende Pferde kümmert, sind Besucher willkommen. Es gibt Pony- und Eselreiten für die kleinen Gäste, während sich die Größeren über Ausritte an die Küste und in die Berge freuen. ■ El Roque, Tel. 607 55 26 61, www.reitstall-fuerteventura.dev

Events

Fuerteventura en Música Großes Festival mit verschiedensten Musikrichtungen wie Rock, Folk oder Reggae. Die Interpreten kommen von den Kanaren, aus Afrika und Lateinamerika. ■ Playa de La Concha, www.festivalfem.com, meistens ein Wochenende Anfang Juli, Eintritt frei

Sport

Freshsurf Innovative Surfschule, die auch Wellenreiten in Kombination mit Yoga oder Kurse für die ganze Familie anbietet. Tages-Surfkurs 50 €. ■ Calle Hermanas del Castillo 4, Tel. 639 49 21 23, www.freshsurf.de

In der Umgebung

Faro de El Tostón
| Leuchtturm |

 Drei Generationen von Leuchttürmen sind zu bestaunen

Ein erster, nur 6 m hoher Turm entstand 1897 zusammen mit dem Wärterhaus, in dem heute das Museo de la Pesca Tradicional die handwerkliche Fischerei auf Fuerteventura dokumentiert. In den 1950er-Jahren entstand ein neuer, achteckiger und 15 m hoher Turm. Auch dieser veraltete und wurde 1985 durch einen automatisch arbeitenden, rot-weiß gestreiften und 38 m hohen Nachfolger ersetzt. Nach dem

Museumsbesuch kann man mit einem Getränk aus der Cafeteria an einem der windgeschützten Tische vor dem Haus Platz nehmen. Ein 800 m langer Naturlehrpfad führt in die Umgebung der Leuchttürme.

◼ www.artesaniaymuseosdefuerteventura.org, Di–Sa 10–17.30 Uhr, 3 €

7 Villaverde

Ruhiger Bauernort mit einigen Unterkünften und Restaurants

Der dunkle Vulkankegel Montaña de la Arena mit seinen Lavaschollenfeldern, in denen Ziegen ihre karge Nahrung suchen, beherrscht den Ort im Nordwesten. Die fruchtbareren rötlichen Böden östlich und nördlich von Villaverde wurden früher für den Getreideanbau genutzt, heute liegen die meisten brach. Kilometerweit zieht sich die lockere Bebauung mit Bauernhöfen und neueren Villen entlang der Landstraße FV-101. Ein eigentliches Zentrum ist allenfalls bei der kleinen Kirche, der Ermita San Vicente Ferrer, auszumachen. Dort drängen sich Kinderspielplatz, Ringkampfarena, Fußballfeld und zwei Kneipen zusammen.

Sehenswert

Cueva del Llano
| Höhle |
Der Vulkantunnel bildete sich vor einer Jahrmillion unter einem Lavastrom, der an der Oberfläche erstarrte, während weiter unten das flüssige Gestein abfloss. Bis auf Weiteres darf die Höhle wegen Einsturzgefahr nicht betreten werden. Doch das in ein Loch in der Höhlendecke hineingebaute Besucherzentrum mit einer Vulkanis-

musausstellung, Cafeteria und Shop ist zugänglich.

◼ Calle Vicente Bello 11, www.artesaniay museosdefuerteventura.org, Mi, Do 10–15, Sa 15–18 Uhr, Eintritt frei

 ## Restaurants

€ | El Rancho Ein aus Kanada zurückgekehrter Emigrant serviert in einem ehemaligen Stall deftige Fleisch- und Fischspezialitäten. Oft spielen kanarische Folkloremusiker auf. ◼ Carretera General 40, Tel. 928 86 85 18, Do–Sa 19–24, So 12–17 Uhr

€€ | Casa Marcos Die Gastrobar gilt als eine der ersten Adressen für Tapas auf Fuerteventura. Traditionelle Rezepte wurden kreativ abgewandelt. Im Sommer wird häufig Livemusik gespielt. ◼ Carretera General 94, Tel. 928 86 82 85, Mi–Mo 12.30–23 Uhr

€€ | El Horno Aus dem Ofen des rustikalen Restaurants kommen köstliche geschmorte Fleischgerichte, etwa Spanferkel oder Zicklein mit Gemüse und Kartoffeln. Auch Fisch vom Grill, große Auswahl an Vorspeisen, umfangreiche Weinkarte. ◼ Calle del Centro 44, Tel. 928 86 86 71, Di–Sa 12.30–23, So 12.30–17 Uhr

 ## Wandern

Camino Sano Hannelore von der Twer bietet geführte Wanderungen an. Über 20 Tagestouren stehen auf dem Programm, außerdem der Fernwanderweg GR 131, der die Insel in neun Etappen durchzieht. Unterwegs kommen natürlich auch kulinarische Aspekte und Begegnungen mit Land und Leuten nicht zu kurz. ◼ Calle La Berlina 11, Tel. 928 86 86 90, www.camino sano.eu

La Oliva

Landstädtchen mit interessanten Baudenkmälern und Museen

Noch heute ein Blickfang: die prächtige Casa de los Coroneles, einst Sitz der Obristen

ℹ Information

■ Das Tourismusbüro der Gemeinde La Oliva befindet sich in Corralejo (S. 29).
■ Veranstaltungsprogramm unter www.laoliva.es
■ Parken: siehe S. 44

In La Oliva (1300 Einw.) geht es äußerst beschaulich zu, obwohl hier das Rathaus einer Gemeinde, der die Ferienorte des Inselnordens angehören, steht. Um den Ort werden in geringem Umfang Tomaten und Aloe vera angebaut, große Bedeutung hat die Landwirtschaft aber nicht mehr. Es gibt nur wenige Läden und Lokale, die der historischen Bedeutung der Kleinstadt und dem dadurch angelockten Kulturtourismus kaum gerecht werden. Dabei gibt es mit der Casa de los Coroneles und der Casa Mané zwei wirklich hochkarätige Sehenswürdigkeiten in La Oliva zu besichtigen. Zwischendurch bietet es sich an, in dem lauschigen Gartencafé auf dem Platz neben der Kirche eine Rast einzulegen, einen Kaffee zu trinken und das Kommen und Gehen zu verfolgen.

Seinen Namen verdankt der Ort dem offenbar zur Eroberungszeit reichlichen Vorkommen des wilden Ölbaums, der allerdings keine essbaren Oliven hervorbringt. Die heute auf

Plan
S. 43

Sehenswert

1 Iglesia Nuestra Señora de Candelaria
| Kirche |

Bei dem gedrungenen Bau handelt es sich um eine der größten Kirchen Fuerteventuras. Seitlich überragt ein klobiger Natursteinturm die drei gleich hohen Schiffe. Die Ursprünge des Gotteshauses liegen im 16. Jh., das Renaissance-Hauptportal entstand Ende des 17. Jh. Hingegen wurde der wehrhafte Turm wohl erst in der Zeit des Oberstenregiments errichtet. In seinem Glockenstuhl hielt ständig ein Wachposten Ausguck nach Piraten und Korsaren, um die Stadtbewohner rechtzeitig warnen zu können. Diese konnten sich im Angriffsfall in dem Kirchturm verschanzen. Im Inneren ragt das Polyptychon über dem Hauptaltar heraus, das mehrteilige Gemälde ist ein Werk des wohl talentiertesten Barockkünstlers der Kanaren, Juan de Miranda Cejas (1723–1805).

■ Plaza de la Iglesia, tagsüber meist geöffnet, ansonsten zur Messe Mi 18, So 12.30 Uhr

2 Casa de los Coroneles
| Palast |

Zinnengekrönter Gutshof am Ortsrand

Als standesgemäßen Wohnsitz erbauten sich die Obersten das größte Gutshaus der Kanarischen Inseln am östlichen Ortsrand von Oliva. Zwei gedrungene Türme flankieren das breite Gebäude. Sie sind von Zinnen gekrönt, ein Zeichen der Macht, das eine be-

Fuerteventura kultivierten Ölbäume wurden erst in jüngerer Zeit aus dem Mittelmeerraum importiert. Lange Zeit befand sich hier nur eine unbedeutende Bauernsiedlung. Ab 1708 bis weit ins 19. Jh. hinein war La Oliva die faktische Hauptstadt der Insel (siehe »Im Blickpunkt«, S. 42). Danach spielte es als Agrarzentrum noch eine gewisse Rolle. 1968 begann die touristische Entwicklung im nahen Corralejo. Die meisten Arbeitskräfte verließen die landwirtschaftlichen Betriebe, um sich eine Beschäftigung in den Hotels oder Restaurants zu suchen. Damit verlagerte sich das geschäftliche und soziale Leben an die Küste.

Im Blickpunkt

Das Regiment der Obersten

Ursprünglich übte der in Betancuria ansässige Feudalherr sowohl die zivile als auch die militärische Macht auf der Insel aus. Ein neues Gesetz sah ab 1708 eine Gewaltenteilung vor. Die militärische Befehlsgewalt oblag nun dem Oberst (»coronel«) eines Milizenregiments, der sich in La Oliva niederließ. Inzwischen waren die Feudalherren längst nach Teneriffa übergesiedelt, wo es sich angenehmer leben ließ. Stillschweigend übertrugen sie den Coroneles auch die zivile Herrschaft über Fuerteventura. Deren Amt war erblich und wurde nacheinander von sieben Mitgliedern der Familie Cabrera Béthencourt ausgeübt. Durch eine geschickte Heiratspolitik vergrößerten die Obersten ihren Grundbesitz, bis ihnen schließlich etwa ein Drittel der Insel gehörte. So war auch ihr wirtschaftlicher Einfluss immens. Durch die Reformpolitik von König Carlos III. wurde ihre Macht gegen Ende des 18. Jh. erstmals beschnitten. Nach einer liberaleren Epoche zwischen 1808 und 1815 konnten die Obersten ihren Einfluss noch einmal festigen. Doch 1834 zog der Inselrat von Betancuria nach Antigua und ein Jahr später nach Puerto de Cabras (dem heutigen Puerto del Rosario) um, das 1860 schließlich zur alleinigen Hauptstadt von Fuerteventura erklärt wurde. Das Regiment von La Oliva wurde schon 1859 aufgelöst.

sondere Genehmigung des Landesherren voraussetzte. Über dem Portal ist das Wappen der Familie Cabrera Béthencourt zu sehen. Während der Franco-Diktatur waren wiederum militärische Dienststellen in der Casa de los Coroneles untergebracht. Über deren zahlreiche Fenster erzählte man sich damals hinter vorgehaltener Hand, für jeden Tag im Jahr gäbe es eines zum Ausruhen für die Beamten. Tatsächlich hat die Casa aber nicht 365, sondern nur etwa 100 Fenster. Um den Innenhof gruppieren sich unten die ehemaligen Wirtschaftsräume, also Küche, Ställe und Vorratslager. Im Obergeschoss umspannt eine elegante Holzgalerie den Patio. Dahinter verbergen sich die einstigen Wohnräume, in denen heute eine Ausstellung zur Geschichte des Hauses gezeigt wird, an der rückwärtigen Seite befindet sich der Prunksaal.

■ Calle Los Coroneles, www.lacasadeloscoroneles.org, Di–Sa 10–18 Uhr, 3 €, Kinder unter 10 J. frei

 Casa Mané
| Kunstausstellung |
 Forum zeitgenössischer kanarischer Kunst

Gründer des Kunstzentrums, das die interessanteste Sammlung moderner Malerei und Plastiken Fuerteventuras präsentiert, war Anfang der 1990er-Jahre der Galerist Manuel Delgado Camino (1930–2016) aus Las Palmas de Gran Canaria. Heute leitet seine Tochter Belinda Delgado das zu einem wahrhaftigen Museum für zeitgenössische kanarische Kunst herangewachsene Projekt. Den würdigen Rahmen bietet ein ehemals herrschaftliches Haus (19. Jh.) ganz in der Nähe der Casa de los Coroneles. Zu den bekanntesten hier vertretenen Namen zählt der des Künstlers Alberto Agulló aus Elche, der lange auf den Kanaren lebte. Von ihm stammen die 72 Ziegenskulpturen aus Metall im Garten mit dem legendären Hirten »Majohoré«.

In den unterirdischen Ausstellungshallen sind u.a. surrealistische wie auch humoristisch-philosophische Aquarelle von Alberto Manrique de Lara sowie kraftvolle, farbintensive Akte von Mario Antígono zu sehen, beides Künstler aus Las Palmas. Auch einige Skulpturen des berühmten Multitalents von der Nachbarinsel, César Manrique aus Lanzarote, sind zu bewundern. In dem angeschlossenen Shop kann man je nach Geldbeutel schöne Kunstpostkarten, Drucke oder auch Originalarbeiten erwerben.

■ Calle Salvador Manrique de Lara, www.centrodeartecanario.com, Mo–Fr 10–17, Sa 10–14 Uhr, Eintritt 4 €

4 Casa del Capellán
| Architektur |

Das ehemalige Pfarrhaus steht etwas abseits rechts von der Zufahrt zur Casa de los Coroneles. Wie die Kirche von Pájara (S. 91), allerdings in bescheidenerem Ausmaß, ist es mit aztekisch anmutenden Steinmetzarbeiten verziert. Die floralen Motive säumen die Tür und das Fenster in der Ostwand. Wahrscheinlich entstand das Gebäude im 18. Jh.

■ Calle La Orilla 5, www.artesaniay museosdefuerteventura.org, Di 10–15, 16–18, Fr 10–15, Sa 10–14 Uhr, 1,50 €, Kinder bis 12 J. frei

5 Museo del Grano La Cilla
| Museum |

Ein ehemaliger Getreidespeicher, die Casa de La Cilla von 1819, dient heute als Kornmuseum. Hier lagerte die Obrigkeit den sogenannten Zehnten, den

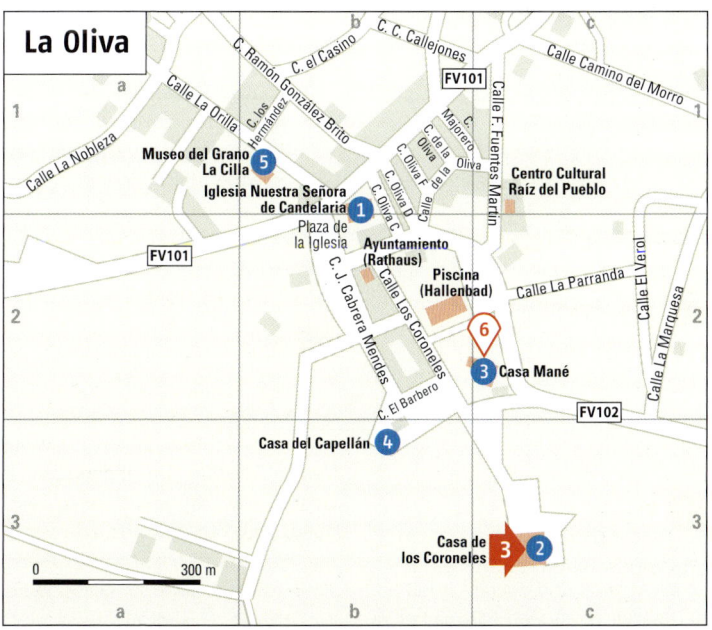

ADAC *Wussten Sie schon?*

Nördlich von La Oliva sind häufig die fünf bis sieben Meter hohen Blüten-stände der **Sisalagave** zu sehen. Auch bei Villaverde, Lajares und sogar auf der kleinen Insel Lobos ist die auffällige Pflanze zu finden. Sie steht auf aufge-lassenen Feldern. In den 1930er- und 1940er-Jahren wurden hier in großem Stil Sisalfasern gewonnen, um Kunstseide daraus herzustellen. Dann kam der Einbruch auf dem Weltmarkt durch die Konkurrenz billiger Kunstfasern. Man versuchte noch, auf die Produktion von Bootstauen umzustellen, ohne dauer-haften Erfolg. Heute ist die Pflanze eine Kuriosität, auch deshalb, weil sie wie alle Agaven nur einmal in ihrem Leben blüht und dann abstirbt. Zuvor haben sich allerdings schon etliche Ableger gebildet. Dass Agaven 100 Jahre alt wer-den, gehört ins Reich der Legende. In der Regel entwickelt sich der Blüten-stand nach etwa zehn Jahren.

die Bauern von ihrer Ernte abliefern mussten. Das Gebäude hat nur kleine, vor der Sonne durch Vordächer ge-schützte Fenster. So blieb es im Inne-ren angenehm kühl. Gezeigt werden historische Fotos und traditionelles landwirtschaftliches Gerät, das bis in die 1970er-Jahre hinein in Gebrauch war. Außerdem wird über die früher auf Fuerteventura angebauten Getrei-desorten, ihre Kultivierung und Ver-wendung informiert. ■ Calle La Orilla 5, www.artesaniay museosdefuerteventura.org, Di 10–18, Fr 10–15, Sa 10–14 Uhr, 1,50 €, Kinder bis 12 J. frei

 Verkehrsmittel

Bus: Ab El Cotillo 3–4 x tgl.; ab Corra-lejo 1x tgl., ansonsten mit Umsteigen in Lajares in den Bus von El Cotillo (www.tiadhe.com).

 Parken

Das Parken ist in La Oliva recht un-problematisch und überall gebühren-frei. Immer genügend Parkplätze fin-

det man rund um die **Kirche** sowie an der Zufahrtsstraße zur **Casa de los Coroneles** am Ortsrand.

 Restaurants

€ | Mucho Gusto Viel Auswahl gibt es in La Oliva nicht. So treffen sich alle früher oder später in diesem einfachen Lokal an der Hauptstraße, das Pizza, Pasta, Burger, Pommes, Salate, Tapas und andere Kleinigkeiten auftischt. Von der Terrasse der Pizzeria hat man einen schönen Blick hinüber zur Kir-che. ■ Avenida Tababaire 13, Tel. 928 86 81 95, Di–So 12–15.30, 18.30–23.30 Uhr, Plan S. 43 b1

 Cafés

El Rubio Etwas versteckt gelegene Bäckerei/Konditorei mit einigen Ti-schen sowohl innen als auch auf der kleinen Terrasse. Das schmackhafte Gebäck stammt aus eigener Ferti-gung. Schlichter Rahmen, aber güns-tige Preise. ■ Calle las Portadas 19, Tel. 928 86 83 82, Di–Sa 6.30–15, So 6.30–13 Uhr, Plan S. 43 nördl. b1

Einkaufen

Mercado de las Tradiciones Stilvoller Markt für kanarische Lebensmittel und Kunsthandwerk im Innenhof der Casa de los Coroneles. ■ Calle Los Coroneles, www.laoliva.es, Mitte Feb.–Dez. Di und Fr 10–14 Uhr, Plan S. 43 b1

Museo La Fabrica Aloe Vera Plantage mit angeschlossenem Shop und kleiner Museumsabteilung, die darüber informiert, wie Aloe vera in der Vergangenheit genutzt wurde und wie sie wirkt. Für Gruppen wird demonstriert, wie Anbau, Ernte und Verarbeitung funktionieren. Verschiedene hochwertige, komplett auf Fuerteventura produzierte Kosmetikprodukte aus der Wüstenlilie. ■ Avenida Tababaire 2 (FV-101 Richtung Villaverde), tgl. 10–18 Uhr, Eintritt frei, Plan S. 43 c1

 Events

Virgen de la Candelaria Patronatsfest um Mariä Lichtmess. Eine Woche lang wird rund um die Pfarrkirche mit Sport und Spielen, Auftritten von Folkloregruppen und Komikern, Musik- und Tanzveranstaltungen und vielem mehr gefeiert. Am Haupttag, dem 2. Februar, findet nach der Mittagsmesse eine Prozession statt. ■ Plaza de la Iglesia, www.laoliva.es, Plan S. 43 b1/2

9 Tindaya

Viehhirtendorf mit dem heiligen Berg der Ureinwohner

Unwirtliche Landschaft umgibt den kleinen Ort (600 Einw.). Seine würfelförmigen weißen Bauernhäuser verteilen sich über eine Senke zu Füßen eines mystischen Berges vulkanischen Ursprungs, der auch wegen seiner geheimnisvollen Felszeichnungen die Fantasie des Betrachters seit jeher beflügelt. Die Menschen in Tindaya leben vor allem von der Ziegenhaltung. Ihre Freizeit verbringen sie in den zwei, drei Dorfkneipen.

Im kanarischen Stil erbaut und von Palmen umrahmt: das Dorfkirchlein in Tindaya

Sehenswert

Casa Alta de Tindaya
| Besucherzentrum |

Zu ihrer Erbauungszeit (18. Jh.) war die Casa das herrschaftlichste Haus im Ort, das einzige mit zwei Stockwerken. Ihrem Gründer brachte sie kein Glück. Er wurde eines Tages tot an der Montaña Tindaya aufgefunden, wofür die Dorfbewohner die Hexen verantwortlich machten, die der Legende nach den Berg bewachten. Jetzt präsentiert sich das Gebäude frisch renoviert als Besucherzentrum des Naturdenkmals Montaña Tindaya. Innen widmet sich eine Ausstellung dem Chillida-Projekt (s. u., »Im Blickpunkt«) und den prähistorischen Funden am Berggipfel.

■ Calle de la Casa Alta (nahe südl. Ortseinfahrt), derzeit noch unregelmäßig geöffnet, Eintritt frei

Im Blickpunkt

Umstrittenes Kunstprojekt

Der baskische Bildhauer Eduardo Chillida (1924–2002) entdeckte Anfang der 1990er-Jahre die Montaña Tindaya und wollte sie in eine Großplastik verwandeln, um sein Lebenswerk zu krönen. Den umstrittenen Abbau des wertvollen Trachytgesteins an der Flanke des Berges gedachte er mit dem Schutz der prähistorischen Felsritzungen am Gipfel unter einen Hut zu bringen. Nach seinen Vorstellungen sollte das Innere der Montaña komplett ausgehöhlt werden und zugleich ihre äußere Struktur erhalten bleiben. Drei Stollen sollten ins Freie führen und zur Sonne, zum Mond und zum Meer weisen. Archäologen und Umweltschützer liefen Sturm gegen das Projekt, zu dessen Verwirklichung es zu Lebzeiten des Künstlers nicht kam. Jetzt möchten seine Erben und die kanarische Regierung das Vorhaben doch noch realisieren, der Widerstand ist nach wie vor groß.

Montaña Tindaya
| Berg |

Das Wahrzeichen von Tindaya ist dieser markante, 397 m hohe, geheimnisvolle Berg. Seine steilen Flanken ragen am nordöstlichen Ortsrand auf. Durch das ockerfarbene Trachytgestein unterscheidet er sich deutlich von den dunklen Vulkanaschekegeln der Umgebung. In die Felsen am Gipfel ritzten die Altkanarier fast 300 stilisierte Fußabdrücke, ähnlich wie sie auch im Siedlungsgebiet der Berber im Atlasgebirge Marokkos und Algeriens zu finden sind. Offenbar galt die Montaña Tindaya den Ureinwohnern Fuerteventuras als heilig, vielleicht brachten sie hier ihrer Gottheit Opfer dar. Auch als Observatorium soll der Berg den Altkanariern gedient haben.

In den vergangenen Jahren kam es wiederholt zu Vandalismus an den Felsritzungen. Einige wurden sogar herausgebrochen, vermutlich um sie auf dem illegalen Kunstmarkt zu verkaufen. Daher darf der Berg bis auf Weiteres nicht bestiegen werden. Eine mobile Wache ist ständig unterwegs, um dieses Verbot durchzusetzen. Bei Nichtbeachtung droht ein Bußgeld von 60 € pro Person. In Zukunft soll ein bewachter Lehrpfad mit Informationstafeln zu Geschichte, Flora und Fauna zum Gipfel führen.

Majestätisch und sagenumwoben: der den Altkanariern heilige Berg Tindaya

Restaurants

€ | **Los Podomorfos** Mit herrlichem Blick von der Terrasse auf die majestätische Montaña Tindaya speist man hier Tapas und andere Snacks, die gern mit örtlichen Zutaten aufgepeppt werden, etwa »Ziegen-Hamburger«. Es gibt auch ein vegetarisches Speisenangebot (Falafel, gegrillte Paprika). Die Portionen sind üppig. »Podomorfos« bedeutet übrigens so viel wie fußförmige Felszeichnungen. ■ Calle Virgen de la Caridad 70, Tel. 928 86 55 78, Mi–Sa 11–20, So 11–19 Uhr

Einkaufen

Quesería Hijos de Vera Montelongo
Käse der Marke »Queso Tindaya« wird hier hergestellt und verkauft. ■ Calle de la Ventosilla 40 (südl. Ortsrand), Mo 8.30–16.30, Di–Sa 8.30–14.30 Uhr

In der Umgebung

Monumento a Miguel de Unamuno
| Denkmal |
Der baskische Schriftsteller und Philosoph wurde 1924 wegen Regimekritik für vier Monate nach Fuerteventura verbannt (S. 21). Das Denkmal, das den Dichter aufrecht stehend mit Blick in die Ferne zeigt, schuf der aus Gran Canaria stammende Bildhauer Juan Borges Linares 1970. Doch erst zehn Jahre später erlaubten es die politischen Verhältnisse, die helle, auf einem hohen Sockel postierte Steinfigur am Hang des Vulkanbergs Montaña Quemada aufzustellen.
■ 3 km südl. von Tindaya (über eine 1 km lange Schotterpiste ab südl. Ortsrand zu erreichen, weiß-roter Markierung des Fernwanderwegs GR 131 zu Fuß oder mit dem Auto folgen), frei zugänglich

Die Kirche Santo Domingo de Guzmán beeindruckt mit ihrem auffallenden Turm

10 Tetir

Ursprüngliches Bauern- und Markt-dorf mit Gofio-Museum

Der unscheinbare, von Bergen umgebene Ort ist quasi die Muttergemeinde von Puerto del Rosario. Aus der hiesigen Kirche kam die Statue der Rosenkranzmadonna für die erst 1806 gegründete Pfarrei der heutigen Hauptstadt (S. 19). Inzwischen haben sich die Machtverhältnisse umgekehrt. Die Landwirtschaft rund um Tetir hat kaum noch Bedeutung, viele der rund 900 Bewohner pendeln zur Arbeit nach Puerto del Rosario. Ein gewisser Wohlstand ist zu spüren, Häuser und Straßen wirken gepflegt. Den Ortsmittelpunkt bildet der großzügige Kirchplatz, auf dem sich einige Sitzbänke fast verloren ausnehmen. Die älteren Männer treffen sich in der Bar gegenüber, auf dem Kinderspielplatz nebenan tummeln sich am Feierabend die Familien.

 Sehenswert

Iglesia Santo Domingo de Guzmán

| Kirche |

Um die Mitte des 18. Jh. war eine ältere Kirche für die gewachsene Gemeinde viel zu klein geworden. So entstand die Iglesia Santo Domingo de Guzmán zwischen 1750 und 1777 völlig neu. Als Besonderheit wurde 1883 ein markanter Turm vor das einzige Kirchenschiff gesetzt, im Stil des damals üblichen Eklektizismus (S. 21). Das Innere wird von einem reich verzierten Barockretabel im Chor beherrscht. Seine geschnitzten Tier- und Pflanzenmotive basieren auf lateinamerikanischen Vorbildern.

■ Plaza Juan Rodriguez, zu Marktzeiten (s. u.) und zur Messe So 17.30 (Sommer 18.30) Uhr geöffnet

Timplista
| Skulptur |

Die sitzende Marmorfigur neben der Pfarrkirche trägt einen Hut aus dunklem Vulkangestein und spielt den Timple, das typische kanarische Saiteninstrument. Für den steinernen Timplista zeichnet Bildhauer Juan Miguel Cubas aus Pájara verantwortlich, der seine Karriere erst 2003 im Alter von 34 Jahren als Autodidakt begann und dessen Werke heute an vielen Inselorten die Blicke auf sich ziehen. ■ Plaza Juan Rodriguez

Museo del Gofio
| Bauernmuseum |

In dem alten Steinhaus an der Landstraße arbeitete von 1948 bis 1978 eine Getreideröosterei. Nach ihrer Restaurierung ist sie jetzt wieder in Betrieb und produziert Gofio, der hier auch verkauft wird. Sorgfältig restauriertes Originalgerät sowie zahlreiche Abbildungen und Modelle zum Thema sind zu besichtigen. Im Innenhof gibt es eine kleine Bar. ■ Ctra. FV-20, Km 9,5, Di–Sa 9–15, So 9–14 Uhr, Eintritt 5 €

 Restaurants

€ | **La Tahona de Tetir** In dem modern-rustikalen Restaurant kehren auch größere Gruppen ein, was Küche und Service überraschend zügig bewältigen. Im Innenhof gemütlicher Lounge-Bereich. Günstige Tagesmenüs, üppige Portionen. ■ Calle Puerto del Rosario, Tel. 657 47 78 06, Mo–Sa 12–23.30, So 11–17 Uhr

 Einkaufen

Mercado Artesanal de Tetir Alle drei Monate findet dieser Markt auf dem Kirchplatz statt. Was die Kanaren an Kunsthandwerk und Lebensmitteln aufzubieten haben, liegt auf den Tischen der rund 35 Stände. Mit spannendem Beiprogramm, etwa Folkloretänzen und Gelegenheit zum Kamelritt. ■ Plaza Juan Rodriguez, www.puertodelrosario.org, jeden 2. So im März, Juni, Sept., Dez., 10–14 Uhr

 In der Umgebung

Casa de Felipito
| Gutshofruine |

Der einsam auf einer Hochfläche mit Blick aufs Meer gelegene Komplex wurde von einem vielseitigen Steinmetz errichtet, der auch durch ein ausgeklügeltes Kanalsystem eine Bewässerungsoase auf dem Areal schuf. Heute ist die Ruine nicht nur Freiluftmuseum, sondern auch Picknickgelände, auf dem die »Majoreros« am Wochenende eifrig grillen. ■ FV-219 Tetir-El Time, Km 2, www.artesaniaymuseosdefuerteventura.org, Mo–Do 10.30–18, Fr–So 8–22 Uhr, Eintritt frei

Gefällt Ihnen das?

Die Skulptur »Timplista« des Bildhauers Juan Miguel Cubas in Tetir ist ein Blickfang. Bewundern Sie weitere Werke des Bildhauers, etwa den **»Pescador de Viejas«** am Hafen von Puerto del Rosario (S. 20) oder **»Monumento a la mujer campesina«** gegenüber der Kirche in Casillas del Ángel (S. 51).

11 Tefía

*Abseits gelegenes Bauerndorf
mit großem Freiluftmuseum*

Abgesehen von dem großen Museumsdorf (s.u.) ist in Tefía (250 Einw.) wahrlich nicht viel los. Landwirtschaft wird kaum noch betrieben. Eine restaurierte, sechsflügelige Windmühle an der Straße nach El Puertito de Los Molinos aus den 1930er-Jahren erinnert an die großen Zeiten des Getreideanbaus.

 Sehenswert

Ecomuseo La Alcogida
| Museumsdorf |

 Das Leben der Menschen von anno dazumal

Die Landflucht der letzten Jahrzehnte sorgte für einen spürbaren Bevölkerungsrückgang in den Dörfern des Inselinneren. So hatten den südlichen Ortsteil von Tefía schon alle Bewohner verlassen, als die Inselregierung in den 1990er-Jahren die leerstehenden Häuser renovierte. Ein Rundweg führt den Besucher durch die weitläufige Anlage, die Einblick in das Leben und den Arbeitsalltag von früher gewährt. Verschiedene Bauernhöfe mit Ställen, Backöfen und Zisternen sind zu besichtigen. Eine »tahona« (Tiermühle) ist noch funktionsfähig. In zwei Häusern arbeiten Kunsthandwerker, darunter Keramiker, Steinmetze, Tischler, Weber. Sie stellen inseltypische Keramik, Stickereien, Flechtwerk und traditionelle Blechgefäße her, die im Kassenbereich verkauft werden.

■ Ctra. Tefía, www.artesaniaymuseos defuerteventura.org, Di–Sa 10–18 Uhr, Eintritt 5 €, Kinder bis 12 J. frei

12 El Puertito de Los Molinos

*Winzige Siedlung an der West-
küste mit Fischlokal*

Ein paar Fischer leben ständig in dem entlegenen Küstenort. Im Sommer vervielfacht sich die Einwohnerzahl, wenn viele »Majoreros« hier ihren Angelurlaub verbringen. Dann ist die kleine Playa auch relativ sandig, während die winterliche Brandung vorwiegend Kies und Steine anschüttet. Rechts oberhalb der Häuser auf dem Plateau über den Klippen stehen Ruinen eines prähistorischen Dorfs. Sie wurden bisher nicht restauriert und sind frei zugänglich.

 Restaurants

€ | **Casa Pon** Das einfache Terrassenlokal besticht vor allem durch seine Lage unmittelbar am Meer. Fisch auf kanarische Art vom Grill mit »papas arrugadas«. ■ El Puertito de Los Molinos, Tel. 654 93 11 81, tgl. 10–19 Uhr

 Wandern

An der FV-221 beginnt jenseits des Barranco de Los Molinos ein ausgeschilderter Vogelbeobachtungsweg. Er führt zunächst an der Kante oberhalb der Schlucht entlang und dann durch den feuchten Talgrund, der von erstaunlich üppiger Vegetation überwuchert ist, nach El Puertito de Los Molinos. Verschiedenste Vogelarten, etwa der mit dem Schwarzkehlchen verwandte Kanarenschmätzer, sind hier zu beobachten (pro Strecke 45 Min.; in der Brutzeit von Mitte Feb. bis Ende Juli i.d.R. gesperrt).

13 Casillas del Ángel

*Bauerndorf mit stillem Ortskern
und Ziegenkäseproduktion*

Früher betrieben die Bewohner von
Casillas del Ángel Ackerbau auf den
roten Lehmböden der Umgebung,
heute arbeiten viele von ihnen in
Puerto del Rosario. Einige Ziegenfar-
men widmen sich noch der Herstellung von Käse. Die meisten Durch-
reisenden halten allenfalls an der
Tankstelle. Dabei lohnt ein Abstecher
zur Kirche im stillen Ortskern.

 Sehenswert

Iglesia Santa Ana
| Kirche |
Der Bauplan der Kirche von 1781 folgt
dem einer typischen kanarischen »Ermita«. Dem einzigen langgestreckten

Schiff ist ein erhöhter Chor angeschlossen. Ganz ungewöhnlich ist
hingegen die dunkle Natursteinfas-
sade mit dem zentralen, barock geschwungenen Glockengiebel. Vis-à-vis
steht in gebückter Haltung die Skulptur einer Landfrau, die Bildhauer Juan
Miguel Cubas (S. 49) bei der Kartof-
felernte darstellt. Jenseits des benach-
barten Sportplatzes bieten sich schat-
tige Picknicktische für eine Rast an.
■ Calle Entrada, nur zu Messen Sa 18
(Sommer 19) Uhr geöffnet

 Einkaufen

Quesería Felipa La Montañeta Hand-
werklich gefertigter Käse verschiedener Reifestufen, auch gewürzt mit
Kräutern, wird hier direkt vom Herstel-
ler verkauft, auch vakuumverpackt. ■
Casillas del Ángel 60 B (südöstl. Ortsrand),
Mo–Sa 8–14, 17–20, So 8–14 Uhr

El Puertito de los Molinos: ein Kleinod, das jeden Sommer zum Leben erwacht

Übernachten

Puerto del Rosario besitzt nur wenige Hotels. Die meisten Unterkünfte im Norden finden sich in dem Ferienort Corralejo, wo Häuser der Mittel- und Oberklasse vorherrschen. Lajares bietet ein großes Ferienresort an der rauen Nordküste und ein kleines, feines Hotel mitten im Ort. Individualisten und Surfer quartieren sich im Hotel und den einfachen Apartmentanlagen von El Cotillo ein. Ruhiges, ländliches Wohnen verspricht das ehemalige Bauerndorf Villaverde.

Puerto del Rosario 18

€ | **Tamasite** Hier verbringen Stadtfans ein paar Tage fernab des touristischen Geschehens. Kleine, praktikable Zimmer, am schönsten sind diejenigen mit Balkon. ■ Calle León y Castillo 9, Tel. 928 53 14 94, www.hoteltamasite.com

€€ | **JM Puerto del Rosario** Das Stadthotel überblickt den Hafen. Hier steigen vorwiegend Geschäftsleute ab. Kein Restaurant! ■ Avenida Ruperto González Negrín 9, Tel. 928 85 94 64, www.hoteljmpuertodelrosario.com

ADAC *Das besondere Hotel*

Der Traum, romantisch im Himmelbett zu nächtigen, kann hier Wirklichkeit werden. Ein alter Bauernhof wurde zum **Hotel Rural Mahoh** mit neun Zimmern umgebaut, wobei der Charakter mit alten Möbeln, Natursteinwänden, Holzbalken und kleinen Fenstern bewahrt blieb. Im Stall stehen Pferde und Ponys. Wer mag, darf reiten oder zu einer Kutschfahrt anspannen lassen.
€€ | *Villaverde, Sítio de Juan Bello, Tel. 928 86 80 50, www.mahoh.com*

Corralejo 29

€€ | **Atlantis Dunapark** Ein Hotel nur für Erwachsene, strandnah und auch nicht weit vom Ortszentrum. Die meisten der in warmen Tönen eingerichteten Zimmer weisen zum Garten und Pool, alle haben Balkon oder Terrasse. ■ Calle La Red 1, Tel. 928 53 61 51, www.atlantisdunapark.com

⑧ €€ | **Barceló Corralejo Sands** Noch recht neues Hotel mit funktionalen, in klaren Farben dekorierten Zimmern, für Paare wie auch für Familien geeignet. Zwar 300 m vom Strand entfernt, dafür zentrumsnah und relativ ruhig. Außenpool mit Sonnenterrasse, Shuttle-Service zu den Grandes Playas. ■ Calle La Acacia 1, Tel. 928 43 04 42, www.barcelo.com

€€ | **Riu Oliva Beach** Steht gemeinsam mit dem Schwesterhotel Riu Palace Tres Islas (S. 53) in Alleinlage am Strand, rund 4 km außerhalb von Corralejo (Busanschluss). Die Zimmer sind nicht allzu groß, verfügen aber alle über einen Balkon. Ein All-inclusive-Haus mit tadelloser Gastronomie. ■ Avenida Grandes Playas, Tel. 928 53 53 34, www.riu.com

€€€ | **Gran Hotel Atlantis Bahía Real** Eines der führenden Häuser in Corralejo, mit gefälliger Architektur und elegantem Beach Club. Weitere Pluspunkte sind der Wellnessbereich und die luxuriösen Zimmer und Suiten. Gastronomisch breit aufgestellt mit mehreren Bars und Restaurants. ■ Avenida Grandes Playas, Tel. 928 53 71 53, www.atlantisbahiareal.com

€€€ | **Riu Palace Tres Islas** Der Klassiker gilt als eine der ersten Adressen auf Fuerteventura. Auch wegen der einzigartigen Lage an der Naturstrandzone Grandes Playas. Zimmerkomfort und Service genügen hohen Ansprüchen. Hinter dem Strand erstreckt sich eine Poollandschaft. Das große Sport- und Animationsprogramm sorgt dafür, dass keine Langeweile aufkommt. ■ Avenida Grandes Playas, Tel. 928 53 57 00, www.riu.com

Lajares 35

€€ | **Fuerteventura Origo Mare** Ferienresort hinter der winzigen Anglersiedlung Majanicho, mit Wohnungen und Villen unterschiedlicher Größe. Es werden auch Mahlzeiten und auf Wunsch »all inclusive« angeboten. Mit einem Wasserpark aus elf Pools sowie Kinderclub und jeder Menge Freizeitaktivitäten. ■ Ctra. Majanicho 100, Tel. 928 45 60 02, www.pierreetvacances.com

€ | **El Pátio de Lajares** Familiäres Landhotel mit besonderem Ambiente und nur sechs Zimmern. Im Garten befindet sich ein Pool. ■ Calle La Cerca 9, buchbar über www.booking.com

El Cotillo 36

€ | **Cotillo Lagos** Studios und Apartments an der Playa de Los Lagos. Eher einfacher Standard, vergleichs-

Tolle Lage und Topservice erwarten den Gast im Riu Palace Tres Islas in Corralejo

weise günstiger Preis. ■ Avenida de Los Lagos 30, Tel. 928 17 53 88, www.cotillolagos.com

€€ | **Cotillo Beach** Hotel in Flachbauweise, nicht weit vom Strand. Die Zimmer sind relativ komfortabel, ein Ventilator ersetzt die Klimaanlage. Mit Poollandschaft, Kinderspielplatz und Fahrradvermietung. ■ Avenida de Los Lagos, Tel. 928 53 88 48, www. hotelcotillobeach.com

Villaverde 39

€€ | **Casa Vieja** Kleine, ländliche Ferienanlage mit Hotelzimmern und Villen für bis zu sechs Personen. Sehr nett eingerichtet, mit Pool im Garten, zwei Innenhöfen, Restaurant und Bar. ■ Calle el Almendrero 12, Tel. 928 53 51 59, www.oasiscasavieja.com

Die Südostküste und das Inselzentrum

Im Südosten sind die Playas dunkelsandig, ursprüngliche Fischer-dörfer prägen das Bild. Bäuerlich geht es in der Inselmitte zu

In Caleta de Fuste urlauben Famili-en und Golfer. Weiter südlich folgen ursprüngliche Fischerorte an dunkel-sandigen Stränden. Touristische An-ziehungspunkte sind eine Saline und ein Zoo. Ins Zentrum Fuerteventuras fährt man wegen der Aloe-vera-Plan-tagen und der ländlichen Museen.

In diesem Kapitel:

14 Caleta de Fuste 56
15 Las Salinas del Carmen 59
16 Pozo Negro 61
17 Las Playitas 63
18 Gran Tarajal 64
19 Giniginámar 65
20 Tarajalejo 66
21 La Lajita 67

22 Tuineje 68
23 Tiscamanita 70
24 Antigua 71
25 Ampuyenta 74
Übernachten............................. 76

ADAC Top Tipps:

 Museo de la Sal, Las Salinas del Carmen
| Freiluftmuseum |
In dieser letzten Saline Fuerteven-turas wird das »weiße Gold« durch Verdunstung von Meerwasser auf handwerkliche Weise gewonnen. Besucher dürfen auf einem Lehrpfad durch die Anlage schlendern. 59

 Pozo Negro
| Fischerdorf |
Dunkle Felswände umrahmen den kiesigen Strand vor dem kleinen Ort. Hier ziehen die Fischer ihre bunten, offenen Boote noch an Land. Der Fang kommt in zwei urigen Strand-lokalen frisch auf den Tisch. 61

 Centro de Interpretación de los Molinos, Tiscamanita
| Mühlenmuseum |
Eine restaurierte Windmühle mahlt heute noch Getreide für die Herstel-lung von Gofio. Im Haus des Müllers wird die technische Entwicklung anschaulich gezeigt. 70

ADAC Empfehlungen:

 9 **Verde Aurora,
bei Pozo Negro**
| Bio-Bauernhof |
Olivenöl und Kosmetika aus Aloe vera sind die Produkte der ambitioniert geführten Bio-Finca. 62

 10 **Las Playitas**
| Fischerdorf |
Weiße Häuser und enge Gassen prägen den Ort. Nebenan am dunklen Strand liegt ein Ferienresort. 63

 11 **Oasis Park, bei La Lajita**
| Zoo |
Höhepunkt eines Besuchs in dem oasenartigen Tier- und Pflanzenpark ist ohne Frage der Ritt auf einem Fuerteventura-Kamel. 67

 12 **Quesería Maxorata, Tuineje**
| Käseverkauf |
Die Insellandwirte sind stolz auf ihren Ziegenkäse, den es hier in verschiedenen Varianten zu kaufen gibt. 69

 13 **Museo del Queso Majorero, Antigua**
| Museum |
In diesem Museum dreht sich alles um Herstellung und Geschichte des beliebten Ziegenkäses. 72

 14 **Savimax, bei Antigua**
| Plantage |
Die größte Plantage für Aloe vera auf der Insel lädt zur Besichtigung und zum Kauf ihrer Produkte ein. 73

 15 **Complejo Cultural-Patrimonial de La Ampuyenta**
| Museumskomplex |
Das ehemalige Haus und Hospital eines Arztes aus Ampuyenta sowie eine Franziskanerkirche mit Fresken sind zu besichtigen. 74

 16 **La Casita, Caleta de Fuste**
| Hotel |
Ein kleines Hotel mit Wohlfühlfaktor: geschmackvoll eingerichtet. Warme Farben und Naturmaterialien geben den Ton an. Garten und Pool. 76

Caleta de Fuste

Ferienort in Flughafennähe, mit Jacht-hafen, Sandstrand und Golfplätzen

ℹ️ Information

◼ Oficina de Turismo, Calle Juan Ramón Soto Morales 10, Tel. 928 16 36 11, www.caletadefuste.es

In Caleta de Fuste urlauben vorwiegend Briten, aber auch deutsche Veranstalter führen den Ferienort südlich des Flughafens wieder vermehrt im Programm. Einen alten Kern gibt es nicht, dafür einen historischen Hafen. Ansonsten besteht Caleta de Fuste vorwiegend aus Bungalowanlagen, die in weitläufige Gärten eingebettet sind. In der Nähe der beiden Strände, der hellsandigen, durch die Hafenmole geschützten und kinderfreundlichen Playa del Castillo und der südlich anschließenden, künstlich mit Sand aufgeschütteten Playa de La Guirra

ADAC *Spartipp*

Wer die Überlandbusse der Gesellschaft Tiadhe (www.tiadhe.com) mehrfach benutzt, kann mit der elektronischen **Bonuskarte BtF** 5 % (leider nicht mehr 30 %, wie im Internet oft noch zu lesen) des jeweiligen Fahrpreises sparen. Die Karte ist beim Fahrer erhältlich, kostet 2 € Gebühr und muss mit einem Startguthaben von mindestens 15 € aufgeladen werden. Sie lohnt vor allem für Familien, da sie übertragbar ist. Kinder unter drei Jahren fahren übrigens generell umsonst, sofern sie keinen eigenen Sitzplatz beanspruchen.

stehen einige größere Hotels. Am Südrand des Ortes liegen zwei gepflegte Golfplätze. Das gesellschaftliche Leben spielt sich in einigen Einkaufszentren mit Geschäften, Kneipen und Restaurants ab.

Sehenswert

Hornos de Cal de la Guirra
| Kalköfen |

Die restaurierte Kalkbrennerei besteht aus mehreren »hornos de cal« (Kalköfen) sowie Wohngebäuden und einem Wirtschaftstrakt. Brennöfen wie diese gab es früher überall auf Fuerteventura, das größere Kalkvorkommen besitzt. Gebrannter Kalk war auf den anderen Kanareninseln als Mörtel, zum Weißen der Häuser und auch als Düngemittel gefragt. Diese Industrie wurde um das Jahr 1900 aufgegeben, da Kalk auf dem Weltmarkt billiger zu haben war.

◼ Playa de La Guirra, frei zugänglich

Puerto del Castillo
| Hafen |

Eine erste Hafenanlage entstand hier um 1730. Damals war der Puerto del Castillo einer von nur drei Häfen auf Fuerteventura, denen die Feudalherren das Exportrecht zugestanden hatten, um die Ausfuhren besser kontrollieren und besteuern zu können. Nach dem Angriff britischer Korsaren auf Fuerteventura 1740 (siehe »Im Blickpunkt« S. 68) errichtete man nebenan den runden Festungsturm Castillo de San Buenaventura. Weitere Überfälle fanden jedoch nicht statt. Im 19. Jh. ging der Turm in Privatbesitz über. Jetzt wird er renoviert und soll bald zu besichtigen sein. Im Hafenbecken dümpeln heute Jachten und

Am Hafen von Caleta de Fuste laden zahlreiche Cafés zum Verweilen ein

Ausflugsboote. Wegen des ganz besonderen Flairs, das in dieser Form auf der Insel einmalig ist, trifft man sich am Kai zum Promenieren und um in einem der schicken Lokale einzukehren.
 Playa del Castillo

Verkehrsmittel

Bus: Nach Puerto del Rosario und Las Salinas del Carmen halbstd. bis std. mit Linie 3, nach Morro Jable 2–4 x tgl. (www.tiadhe.com). Busbahnhof (Estación de Guaguas) an der nördlichen Ortseinfahrt, weitere Haltestellen entlang der FV-2.
Minizug: Die touristische Bimmelbahn auf Rädern verbindet im 45-Minuten-Takt den Hafen mit dem Centro Comercial Atlántico (S. 58); tgl. 10–18 Uhr, Einzelfahrt 2 €, Kinder 1,50 €, Tageskarte 8 €.

Parken

Parkplätze vor dem **Centro Comercial El Castillo** (200 m Fußweg zur Playa del Castillo) und im weiteren Verlauf der Avenida del Castillo vor dem **Barceló Castillo Beach Resort** (200 m Fußweg zum Hafen), beide gebührenfrei, ebenso das Parken an den Straßen. Bei der Playa de La Guirra kann man das Auto gratis in der unterirdischen Parkgarage des **Centro Comercial Atlántico** abstellen, wo es zudem angenehm kühl bleibt (tgl. 9–1.30 Uhr). Die meisten Hotels in Caleta de Fuste bieten ihren Gästen kostenlose Parkplätze.

Restaurants

€ | **Taberna del Capitán** Heimelige Atmosphäre, im Außenbereich Biergartenstimmung. Tapas-Klassiker wie

»papas arrugadas«, »gambas al ajillo« oder eine Portion Paella sind hier fast schon ein Muss, beachtliche Dessertauswahl. ▣ Calle Alcalde Juan Evora Suarez, Tel. 928 16 37 23, tgl. 8–2 Uhr

€€ | **El Patio** Ordentliches Restaurant mit Außenterrasse. Mediterrane Küche, große Portionen. Meist gut beraten ist man mit Fisch aus dem Tagesangebot. ▣ Avenida Alcalde Juan Ramon Soto Morales 6, Tel. 928 54 77 21, tgl. 12–24 Uhr

€€€ | **Volcano** Hier wird gehobene spanische und baskische Küche zelebriert. Alles ist etwas gediegener, ohne übertrieben zu wirken. Frisch zubereitete Kreationen, hervorragende Weinauswahl. ▣ Centro Comercial El Castillo, Local 6–7, Tel. 928 54 76 45, www.volcano restaurant.es, Mo–Do 18–23, Fr–So 13–15, 18–23 Uhr

Cafés

The Chocolate Shop Der Name ist hier Programm. Kuchen, Konfekt, Eis, alles von Hand und meist mit Schokolade hergestellt. Die wenigen Tische vor der Tür sind sehr begehrt. ▣ Calle Marcial Sanchez Velazquez 13, Tel. 928 16 31 19, Mi–Sa 9–19, So 10–18 Uhr

Einkaufen

Centro Comercial Atlántico Das Einkaufszentrum zählt mit rund 25 Geschäften zu den größeren auf Fuerteventura. Auch ein Supermarkt, ein chinesisches und ein indisches Restaurant, Pizzeria und Café sind vorhanden und locken Besucher an. ▣ Ctra. de Jandía, Km 11, www.ccatlantico fuerteventura.com, Mo–Sa 9.30–22 (Supermarkt 9–21.30), So 10–22 Uhr

Mercadillo de Caleta de Fuste Der Wochenmarkt für Kleidung, Schuhe und Schmuck findet auf dem großen Marktplatz an der Durchgangsstraße statt. Immer gut besucht. ▣ FV-2 nahe zentraler Kreisverkehr, Di und Sa 10–14 Uhr

Seit 1910 wird in den Salinas del Carmen Meersalz traditionell von Hand geerntet

Kneipen, Bars und Clubs

Piero's Music Café Angesagte Ausgehadresse, wo fast jeden Abend erst Fußballübertragungen, danach Livemusik und Shows geboten werden. Gute Cocktails. Britische Gäste überwiegen. ■ Centro Comercial El Castillo, Local D2, Tel. 928 86 90 90, www.pieros cafe.com, tgl. 10–3 Uhr

 Kinder

Oceanarium Explorer Die Station ermöglicht im Hafenbecken Begegnungen mit einem zahmen Seehund (tgl. 11, 13 und 15 Uhr, Dauer 20 Min., 35 €). Weitere Attraktionen: 30-minütige Fahrten mit einem gelben Glasbodenboot (tgl. 10.30–16.45 Uhr, 15 €, erm. 8 €) sowie zweistündige Bootsausflüge zur Beobachtung von Walen und Delfinen (Mo–Sa 14 Uhr, mind. 2 Std. vorher reservieren, 40 €, erm. 20 €). ■ Puerto del Castillo, Tel. 928 54 76 87, www. oceanariumexplorer.com
Kamelreiten Am Strand wartet vormittags eine kleine Kamelherde auf Reiter. ■ Ca. 10 €, erm. 5 €

 Sport

Deep Blue Tauchbasis unter deutschschwedischer Leitung, mit Ausbildung für alle Levels sowie Try-Dive-Kursen für Kinder ab 10 J. Auch Schnorcheln (Einweisung und Bootsausflüge). Mit Filiale in Las Playitas. ■ Barceló Club El Castillo, Tel. 928 16 37 12, www.deep-blue-diving.com

 Entspannung

Soul Massage Massagestudio mit einem kleinen, aber feinen Angebot an halb- und einstündigen Massagen, etwa mit heißen Steinen. ■ Calle Alcalde Francisco Berriel Jordán 26, Tel. 686 22 18 80, 1 Std. 36 €

15 Las Salinas del Carmen

Winziges Fischerdorf am Strand, mit Salinenmuseum

Der kleine, ursprünglich gebliebene Ort besteht aus wenigen älteren Häusern und ein paar Ferienvillen. Der Besuch lohnt nicht nur wegen der namengebenden Saline, sondern auch wegen der sandigen bis kiesigen Playa de Las Salinas. Meist ist am Strand noch viel Platz. Man kann sich hier oder im angrenzenden Restaurant niederlassen und dabei den Fischern bei ihrer Arbeit zusehen.

 Sehenswert

Museo de la Sal
| Freiluftmuseum |

 Eine Museumssaline, die immer noch in Betrieb ist

In ihrer heutigen Form entstanden die Salzpfannen um 1910. Eine erste Saline wurde hier aber schon 1730 angelegt. In mehr als 100 kleinen Becken gewinnt man zwischen Mai und Oktober, wenn die Wassertemperatur auf über 30 °C steigt, 40 bis 50 t Salz pro Saison. Das abgeschöpfte Salz trocknet, zu Kegeln aufgeschichtet, in der Sonne. Die Hafenmole, an der das »weiße Gold« früher nach Puerto del Rosario verschifft wurde, ist nicht mehr in Betrieb, wohl aber das benachbarte Lagerhaus. Ein Lehrpfad führt durch die Anlage. Im ehemaligen Wohnhaus des Salinenbesitzers sind eine Ausstellung über die Salzproduktion und die Ökosysteme von Salinen sowie eine Cafeteria untergebracht, außerdem wird hier Salz verkauft.

■ Diseminado Salinas Carmen, www.artesaniaymuseosdefuerteventura.org, Di–Sa 10–18 Uhr, Eintritt 5 €, Kinder bis 12 J. frei

 Restaurants

€€ | **Los Caracolitos** Das Strandrestaurant ist ein absoluter Klassiker. Viele einheimische Gäste kehren hier ein und genießen Paella, Fischkroketten und Meeresfrüchte. ■ Salinas del Carmen 22, Tel. 928 17 42 42, Mo, Di, Do–Sa 12–23, So 12–18 Uhr

 In der Umgebung

Puerto de La Torre
| Hafenruine |
An der naturbelassenen Mündung des Barranco de La Torre gab es zwar nie einen richtigen Hafen, dennoch nah-

Im Blickpunkt

Ein Wal-Lehrpfad

Neben dem Lagerhaus des Museo de la Sal ragt das Skelett eines Finnwals auf. Das 19 m lange Tier wurde im Jahr 2000 an der Nordküste Fuerteventuras tot angespült. Wissenschaftler der Universität Las Palmas präparierten das Skelett für die »senda de los cetáceos«, einen im Aufbau befindlichen Wal- und Delfinlehrpfad, der sich bald über ganz Fuerteventura erstrecken wird. Einheimische und Touristen sollen dadurch für die Gefährdung des Ökosystems Meer sensibilisiert werden. Weitere Walskelette sind bereits in Puerto del Rosario (S. 21), El Cotillo (S. 37), Gran Tarajal (S. 64) und Morro Jable (S. 108) zu besichtigen. Insgesamt sind rund ein Dutzend Standorte geplant.

men Schiffe hier gebrannten Kalk als
Fracht auf. Die Ruine einer Kalkbrennerei steht noch an der Zufahrt. Wohn-
mobilfahrer lieben diese erhöhte Stel-
le auf den Klippen mit Blick auf den
dunklen Kiesstrand, hinter dem sich
eine Salzwiese ähnlich der von Morro
Jable (S. 107) erstreckt.

■ 1,5 km südl. von Las Salinas del
Carmen, auf einer Piste (Carretera de
La Torre) zu erreichen

Pozo Negro

*Ursprüngliches Fischerdorf, weiße
Häuser und dunkler Strand*

Zu den authentischsten Orten der
Insel zählt zweifellos Pozo Negro,
vielleicht auch weil es nur einen dun-
kelkiesigen, bei Touristen nicht so
gefragten Strand besitzt. Zu diesem
stehen die weißen kubischen Häuser
der Fischer in Kontrast. Ihren Namen
(»schwarzer Brunnen«) verdankt die
Siedlung einer aus Lavagestein ge-
mauerten Wasserstelle an der Zufahrt.
Pozo Negro belebt sich an den Wochenenden und in den Ferien, wenn
die »Majoreros« hierher zum Baden
und Sonnenbaden kommen. Dann
füllen sich auch die beiden Fischlokale am Strand.

*Farbtupfer vor Braun und Azurblau: Fi-
scherboote am Strand von Pozo Negro*

ende manchmal Paella oder Fisch-
eintopf. ■ Playa del Pozo Negro, Tel. 289
17 46 53, tgl. 11.30–22 Uhr

Events

Feaga Die Landwirtschaftsmesse an
vier Tagen Ende April oder Anfang
Mai auf dem Versuchsgut der Inselregierung lockt ein breites Publikum
an, das neben einem großen Vieh-
markt ein buntes Programm mit Ver-
kostung inseltypischer Spezialitäten,
Kunsthandwerkermarkt, Musik, Pferde-
rennen und einem Wettbewerb im
Ziegenmelken geboten bekommt. ■
Granja Agrícola y Experimental de Pozo
Negro, FV-2, Diseminado Pozo Negro,
www.visitfuerteventura.es

Restaurants

€€ | Los Caracoles Beschauliches
Strandambiente. Auf der Terrasse wird
von den lokalen Fischern gefangener
Fisch aufgetischt, der frisch vom Grill
kommt. ■ Playa del Pozo Negro, Tel.
928 17 46 17, tgl. 12–22 Uhr

€€ | Los Pescadores Ähnliches Flair,
ähnliches Angebot wie beim Nachbarn. Hier wie dort gibt es am Wochen-

Wer auf dem Fischerkai steht, blickt auf den maurisch anmutenden Ort Las Playitas

🚗 In der Umgebung

Poblado de La Atalayita
| Museumsdorf |

Das altkanarische Dorf ist heute ein Freiluftmuseum. Ein Rundweg führt durch die Anlage, in der unterschiedliche prähistorische Behausungen zu besichtigen sind. Die »casas hondas« (tiefe Häuser) wurden etwa einen Meter tief in den Boden versenkt, um flacher zu wirken und somit für Piraten aus der Ferne unsichtbar zu sein. Hingegen ähneln die Kuppelbauten moderneren Häusern, haben aber immer einen runden oder ovalen Grundriss. Muschelhaufen (»concheros«) zeigen, dass Meeresfrüchte auch früher eine wichtige Rolle im Speiseplan der Ureinwohner spielten.

■ FV-420, www.artesaniaymuseosde fuerteventura.org, frei zugänglich

Verde Aurora
| Bio-Bauernhof |

 Öko-Finca mit Anbau von Ölbäumen und Aloe vera

Das ehrgeizige Projekt der Familie Mesa vereint Tradition, moderne biologische Produktion und ökotouristische Aktivitäten. Olivenöl wird hier nicht nur zu Speisezwecken gewonnen, sondern auch als Zutat zu Kosmetika aus Aloe vera. Beide Kulturen, aber auch Obst und Gemüse gedeihen auf dem 30 ha großen Areal der Finca im Dorf Teniscosquey im Naturschutzgebiet Malpaís Grande. Mit Probiermöglichkeit und Verkauf. Bald wird es ein Café geben. Auch ländliche Unterkünfte werden angeboten.

■ Teniscosquey 7, (nahe FV-2 Pozo Negro-Gran Tarajal), Tel. 659 61 08 44, www.verdeaurora.com, Mo–Sa 10–18, So 10–14 Uhr, Eintritt frei

Las Playitas

 Weißes Dorf mit engen Gassen und Fischerkai

In Las Playitas fühlt man sich fast ein wenig nach Andalusien versetzt. Strahlend helle Häuser und verwinkelte Straßenzüge klettern pittoresk einen Hang hinauf. In dieses Labyrinth verirrt sich nur selten ein Außenstehender. Besucher bleiben meist unten am Wasser. Dort bummeln sie über die Promenade, schauen am kurzen Hafenkai zu, wie die Fischer am Nachmittag ihren Fang heimbringen, und kehren dann gerne in einem der Fischrestaurants ein. Die dunkelsandige, 500 m lange Playa de Las Playitas grenzt im Westen an den Ort. Lange blieb sie vom Tourismus unbeachtet. Jetzt dehnt sich dahinter ein weitläufiges Ferienresort mit anspruchsvollem 18-Loch-Golfplatz aus.

Verkehrsmittel

Bus: Nach Gran Tarajal alle 30–120 Min., dort Anschluss an weitere Linien. www.tiadhe.com

Restaurants

€€ | La Rampa Ein eher gehobenes Lokal, das den Fisch nach Möglichkeit aus dem örtlichen Fang bezieht. Mit großartigem Atlantikblick. ■ Paseo Miramar 1, Tel. 928 34 41 80, Mi–Mo 12–17, 19–23 Uhr

€€ | Las Playas Etwas einfacher, dafür preisgünstiger als der Konkurrent nebenan. Auch hier Meerblick und frischer Fisch, außerdem gute Tapas. ■ Paseo Miramar, Tel. 928 87 03 67, Do–Di 12–17, 19–23 Uhr

Sport

Cat Company Katamaransegeln und Windsurfen unter deutscher Leitung: Kurse (3 Std. 90 €) und Verleih. ■ Playitas Resort, Tel. 616 61 93 13, www.cat company.eu

In der Umgebung

Faro de la Entallada

| Leuchtturm |

Wegen seiner außergewöhnlichen Architektur lohnt der Faro de la Entallada den Abstecher, auch wenn er nicht von innen zu besichtigen ist. Mit seiner Fassade, an der sich graues Lavagestein, roter Porphyr und weiße Fugen abwechseln, sucht er auf den Kanaren seinesgleichen. Nebenan von einem Aussichtspunkt hoch über den Klippen schaut man weit die Küste entlang.

■ 6,5 km östl. von Las Playitas

ADAC *Wussten Sie schon?*

Die Bewohner Fuerteventuras nennen sich »**Majoreros**«. Der Begriff leitet sich von **Maxorata** (oder Mahorata) ab. So hieß eines der beiden Herrschaftsgebiete, in die die Insel vor der Eroberung aufgeteilt war. Dieser Name leitet sich vielleicht von den »**maohs**«, Schuhen der Ureinwohner aus Ziegenfell, ab. Auf der Insel El Hierro bezeichnen die Viehhirten ihre Stiefel bis heute als »**majos**«. Eine andere Erklärung lautet, in dem mit den Berbersprachen verwandten altkanarischen Idiom hätte »mahorat« die Bedeutung »**Söhne des Landes**« gehabt.

18 Gran Tarajal

Zentraler Ort des Südens, in dem Einheimische gerne am Strand flanieren

In diesem Ort, der als wirtschaftliches Zentrum des Inselsüdens gilt, sind die »Majoreros« entschieden in der Überzahl, was auf Fuerteventura keineswegs selbstverständlich ist. Charakteristisch für Gran Tarajal (7300 Einw.) ist neben den Windrädern zur Bewässerung der Felder der landwärts anschließende riesige Palmenpark. Zwei größere Supermärkte sowie eine Reihe weiterer Geschäfte ziehen Kunden aus der Umgebung an. Dreh- und Angelpunkt im Zentrum bei der Kirche ist die lauschige Plaza de la Candelaria mit ihrem steinernen Seepferdchenbrunnen. Etwas abseits liegt der geräumige Hafen, in dem kleinere und größere Fischerboote liegen. Für Badefreuden sorgt der schöne Stadtstrand.

ADAC *Mittendrin*

Wer sich nicht als Tourist fühlen möchte, liegt mit einem Besuch in **Gran Tarajal** genau richtig. Hier ist es wirklich möglich, am lokalen Leben teilzunehmen. Schicke Szenekneipen oder reich bestückte Souvenirläden sucht man vergeblich. Am dunklen, mit 1000 m recht langen Strand badet die einheimische Jugend, während die Älteren gemächlich auf der Meerespromenade flanieren und dort das Skelett eines Cuvier-Schnabelwals als Teil des Wal-Lehrpfads (S. 60) bewundern oder es sich in einem der angrenzenden Cafés und Restaurants bequem machen. *Gran Tarajal*

 Sehenswert

Parque Félix López
| Palmenpark |

Spazierwege durchziehen den schattigen Stadtgarten, ein Kinderspielplatz belebt sich vor allem am späteren Nachmittag. Der Park ist Teil des größten Palmenhains der Insel, der sich im feuchten Talgrund des Barranco Gran Tarajal über mehrere Kilometer hinweg erstreckt. Sowohl die einheimische Kanarische Palme als auch ihre nahe Verwandte, die Dattelpalme aus Nordafrika, sind hier vertreten. Außerhalb des Parque Félix López bilden sie allerdings keinen geschlossenen Bestand, sondern stehen am Rand von Feldern, auf denen für gewöhnlich die Futterpflanze Luzerne gedeiht. Vom eingeschleppten Palmrüssler, der jetzt als ausgerottet gilt, blieben die Bäume zum Glück verschont.

■ Avenida de la Constitución, frei zugänglich

 Verkehrsmittel

Bus: Es gibt Verbindungen nach Puerto del Rosario, Morro Jable, Las Playitas, und Pájara (www.tiadhe.com). Busbahnhof (Estación de Guaguas) in der Avenida de la Constitución an der Stadteinfahrt.

 Parken

Großer, gebührenfreier Erdparkplatz in der Calle Tindaya vor dem Supermarkt Eurospar (5 Min. Fußweg zur Strandpromenade), zu erreichen über den Kreisverkehr an der Stadteinfahrt, dort links abbiegen. Weitere Parkmöglichkeiten am etwas abseits gelegenen Hafen.

Restaurants

€€ | **Da Nonna** An der Promenade. Klein, aber fein. Leckere Tapas, gute Fleisch- und Fischgerichte, moderate Preise. ■ Avenida Paco Hierro 6, Tel. 928 16 23 39, Do–Di 13–16, 19–23 Uhr

€€ | **Faro La Entallada** Schlichtes Restaurant am Sporthafen. Fisch wird aus dem frischen Angebot ausgesucht, Berechnung nach Gewicht. Am Wochenende ist die Auswahl am größten, dann gibt es auch Lamm, Zicklein und Paella. ■ Muelle Deportivo, Tel. 662 64 37 21, tgl. 6–22.30 Uhr

€€ | **La Cofradía de Pescatores** Hier kommt der Fisch aus erster Hand, nämlich von der Fischereigenossenschaft, die das Lokal am Hafen in eigener Regie betreibt. Einfaches, inseltypisches Ambiente. ■ Calle San Diego, Tel. 928 16 20 74, Do–Mo 8.30–22.30 Uhr

Kinder

Semana de la Juventud Die Woche der Jugend, die schon seit Jahrzehnten zum Festtagsreigen auf Fuerteventura gehört, bietet 14 Tage lang in der zweiten Augusthälfte ein kunterbuntes Programm mit Musik am Strand, Schaumfest, Wasserpolo und Salto-Wettbewerb im Hafenbecken. Unter großer Beteiligung von Kindern und Jugendlichen.

19 Giniginámar

Völlig untouristischer Badestrand mit kleiner Fischersiedlung

Wenige weiße Häuser säumen den Nordrand des dunklen Kiesstrandes, auf dem meist ein paar Fischerboote liegen. Hinter dem südlichen Strand-

ADAC *Mobil*

Auch auf Fuerteventura gibt es **Radarfallen**. Bußgeldbescheide werden in alle europäischen Länder zugestellt oder es wird gleich vor Ort kassiert. Bereits geringfügige Überschreitungen gehen sehr ins Geld (ca. 100 € schon ab 1 km/h über dem jeweiligen Tempolimit). Aufzupassen gilt es z. B. auf der FV-2 bei La Lajita, wo sich die mobilen Blitzer oft im Palmenwald beim Oasis Park verbergen. Fest installierte Radargeräte stehen an der Autobahn zwischen dem Flughafen und Puerto del Rosario.

abschnitt, der in bescheidenem Ausmaß zum Baden genutzt wird, erstreckt sich eine kleine Feriensiedlung. Einst waren die Villen großenteils im Besitz von Österreichern, inzwischen leben auch viele Einheimische hier. Abgesehen von einem Restaurant (s.u.) gibt es keine touristische Infrastruktur.

 Restaurants

€€ | **Don Carlos** Deutschsprachige Gäste überwiegen in dem von Elli und Wolfgang familiär geführten Restaurant. Bei der Zubereitung der Speisen legen die Inhaber großen Wert auf frische Zutaten von der Insel. Am Sonntagnachmittag wird selbst gebackener Kuchen serviert, und auch deutsche Hausmannskost kommt auf den Teller. Schöner Blick von der Terrasse aufs Meer. ■ Avenida Las Palmeras 2, Tel. 928 34 49 31, Mo–Mi und Fr, Sa 16–23.30, So 11–23.30 Uhr, So ab 11 Uhr Frühschoppen

Giniginámar: eine kleine Siedlung am Strand, ruhig und unaufgeregt

20 Tarajalejo

Ursprünglicher Fischerort mit bescheidenem Übernachtungstourismus

In dem Küstendorf leben nach wie vor einige Familien vom Fischfang. Mit einem Hotel- und Wassersportkomplex am westlichen Ortsrand gibt es auch eine gewisse touristische Entwicklung. Die 1400 m lange Playa de Tarajalejo ist kiesig bis dunkelsandig. Dahinter verläuft eine breite, mit Sitzbänken bestückte Promenade. Badegäste nutzen gern den südlichsten, durch einen kleinen Felssporn abgetrennten und unerschlossenen Strandabschnitt, da dort am meisten Sand vorhanden und das Meer am ruhigsten ist.

 Verkehrsmittel

Bus: Nach Morro Jable bzw. Gran Tarajal/Puerto del Rosario halbstd. bis stdl. (Linie 1), 2–4 x tgl. (Linie 10), Haltestelle an der FV-2 Richtung La Lajita auf Höhe der Hotels (5 Min. Fußweg).

 Restaurants

€€ | **La Barraca** Inseltypisches Strandlokal. Wie vielerorts auf Fuerteventura wird der Fisch gegrillt und mit Schrumpelkartoffeln und »mojo« gereicht. ■ Calle Isidro Díaz 14, Tel. 928 16 10 89, www.labarracafuerteventura.com, Mo–Sa 12–16, 18–22 Uhr

€€ | **Piscolabis Adeyu** Mit Terrasse unmittelbar am Strand, auf der Tapas sowie paniertes Fischfilet und Lammkeule aus dem Ofen serviert werden. ■ Calle Isidro Díaz 3, Tel. 928 16 10 85, Di–So 8–24 Uhr

 Sport

Watersports Fuerteventura Vielseitiges Wassersportzentrum mit Wind- und Kitesurfing, Wellenreiten, Katamaransegeln, Seekajakfahren, SUP (Stand Up Paddling) und Jetski im Programm. Kurse und Verleih. ■ Avenida de las Palmeras, Tel. 928 87 51 10, www.watersports-fuerteventura.com

Wandern

TimeforNature Geführte, umweltfreundliche Wanderungen unter deutscher Leitung in kleinen Gruppen von maximal acht Personen. Auf dem Wochenprogramm stehen sechs leichte bis mittelschwere Touren ins bergige Hinterland der Insel oder zu einsamen Strandabschnitten (Gehzeit zwischen

2 und 3,5 Std.; mit Beiprogramm, Imbiss und Transfer ab Hotel von Las Playitas bis Morro Jable ab 44€). Festes Schuhwerk und wetterfeste Kleidung erforderlich! Anmeldung telefonisch oder online. ■ Tel. 928 87 25 45, www.timefornature.de

21 La Lajita

Alter Fischerort mit moderner Wohnsiedlung und großem Tierpark

Das recht unspektakuläre Dorf hat sich zur Wohnstadt für Angestellte der Hotels in Costa Calma entwickelt. Nach wie vor gibt es ein paar Fischer, aber die modernen Reihenhäuser der Pendler bestimmen das Bild. Dreh- und Angelpunkt ist die zentrale, zum Kiesstrand hin offene Plaza mit Kinderspielplatz und Sitzbänken, wo sich die Bewohner am Feierabend treffen. Ringsum gruppieren sich einige Restaurants und Bars.

 Sehenswert

Oasis Park

| Zoo |

 Großer, oasenartiger Tier- und Pflanzenpark

Die wohl meistbesuchte touristische Attraktion der Insel, speziell bei Familien beliebt, ist diese Kombination aus Zoo und botanischem Garten. In einem Palmenhain leben über 250 tropische Tierarten, darunter Affen, Zebras, Giraffen oder allerlei Reptilien und Vögel. In Shows sind mehrmals täglich Seelöwen, Papageien, Greifvögel, Krokodile und Schlangen zu sehen. Im angeschlossenen botanischen Garten gedeihen Wüstenpflanzen aus aller Welt, darunter fast 30 000 Kakteen. Mehrere Restaurants und Souvenirshops sowie Kamelritte (S. 68) ergänzen das Angebot.

■ Ctra. FV-2, Km 57,4, www.fuerteventuraoasispark.com, tgl. 9–18 Uhr, 33 €, erm. 19,50 €

Kamelritte im Oasis Park bei La Lajita sind ein Anziehungspunkt für Familien

Verkehrsmittel

Bus: Linienbus ab Morro Jable/Costa Calma alle 30–60 Min. (www.tiadhe.com); Gratis-Bus des Oasis Park (siehe ADAC Spartipp, S. 69).

 Parken

Der Oasis Park stellt große Parkflächen zur Verfügung (gebührenfrei). Im etwa 1 km entfernten Ort selbst ist das Parken in den Straßen kein Problem.

 Restaurants

€€ | **La Falúa** Das Restaurant hat einen gewissen Anspruch. Fisch kommt hier frisch auf den Tisch, die Familie des Wirts fährt selbst zum Fang hinaus aufs Meer. ■ Calle Tajinaste 11, Tel. 928 34 32 59, Di–So 12–22 Uhr

 Einkaufen

Mercado Agro-Artesanal Schöner Wochenmarkt für Kunsthandwerk, etwa Keramik und Flechtarbeiten, sowie kulinarische Produkte von Fuerteventura und anderen Kanareninseln. ■ Eingangsbereich des Oasis Park (S. 67), So 9–14 Uhr, Eintritt frei

 Kinder

Safari de Camellos (Kamelritt) Im Oasis Park lebt die größte Kamelherde Europas. Die erwachsenen Tiere wechseln sich darin ab, Touristen auf einem halbstündigen Ritt durch die Wüste zu schaukeln. Von der Station außerhalb des Parks (gezahlt wird an der Kasse des Oasis Park) zieht die Karawane einen kleinen Aussichtsberg hinauf und kehrt im Bogen zum Startpunkt zurück. Jedes Dromedar trägt zwei Personen, die im Sattel links und rechts vom Höcker thronen. Kleine Kinder können mit den Eltern in einem zusätzlichen Sitz vor dem Höcker reiten. ■ Oasis Park, FV-2, Km 57,4, www.fuerteventuraoasispark.com, tgl. 9–18 Uhr, 12 €, erm. 8 €

Im Blickpunkt

Ein kurioses Spektakel

Am 29. September, dem Tag des Erzengels Michael, dem die Pfarrkirche von Tuineje geweiht ist, beginnen die zweiwöchigen Fiestas Juradas San Miguel Arcángel. Ihm wird der Sieg über einen britischen Invasionstrupp zugeschrieben, der 1740 bei Gran Tarajal landete und Richtung Tuineje zog. Vom 8. bis 13. Oktober spielt die Bevölkerung das Ereignis in historischen Kostümen an den Originalschauplätzen nach. Kamele, die den einheimischen Milizen als Phalanx dienten, sind mit von der Partie. Höhepunkt ist der Umzug durch den Ort nach der »gewonnenen Schlacht«, dem eine Messe und Prozession zu Ehren des Erzengels folgen.
www.visitfuerteventura.es

22 Tuineje

Bauernort mit Anbau von Tomaten und Ölbäumen

Hier wirkt Fuerteventura noch ziemlich unberührt. Das fernab der Küste gelegene Tuineje (950 Einw.) ist zwar Zentrum einer Gemeinde, zu der auch

Gran Tarajal gehört, blieb aber doch ein Dorf, das seine bäuerliche Kultur bewahren konnte. Außer der Ziegenhaltung haben der Anbau von Tomaten sowie in jüngerer Zeit auch die Gewinnung von Olivenöl eine gewisse Bedeutung erlangt.

 Restaurants

€ | **La Cabra Nostra** Ländliches Lokal mit überdachter Terrasse zum Kirchplatz. Der Schwerpunkt der Küche liegt auf Ziegenwurst und -fleisch, mit dem Lasagne oder Teigtaschen gefüllt werden. Auch Snacks, Pizza, Salate. ■ Paseo de la Libertad, Tel. 928 16 43 72, Di–Sa 12–16, 19–23, So 12–19 Uhr

 Einkaufen

12 **Quesería Maxorata** Fabrikverkauf des berühmten Käses von Fuerteventura. Hier gibt es den »Queso Majorero«, den Ziegenkäse der Insel mit geschützter Ursprungsbezeich-

nung. Auf Käseliebhaber warten verschiedene Marken, Geschmacksnuancen und Reifegrade, alle angebotenen Produkte sind vakuumverpackt und somit ideal zum Mitnehmen im Fluggepäck. ■ Ctra. FV-20 Tuineje-Gran Tarajal, Km 39/40, www.maxorata.es, Mo–Sa 9–16 Uhr

Liebhabern von Ziegenkäse offeriert die Quesería Maxorata verlockende Angebote

23 Tiscamanita

*Ursprüngliches Dorf mit Mühlen-
museum und Aloe-vera-Plantage*

Der kleine Ort (500 Einw.) wird ganz
und gar von Landwirtschaft geprägt.
Vereinzelt wird hier sogar noch eine
spezielle Form des Trockenfeldbaus
betrieben (siehe ADAC Wussten Sie
schon?, S. 71). Palmen stehen zwischen den Häusern, und im Nordosten
ragt die Caldera de Gairía auf, einer der
jüngsten Vulkane Fuerteventuras, dessen Ausbruch erst einige tausend
Jahre zurückliegt. Touristische Anzie-
hungspunkte des Dorfes sind vor allem die Windmühle mit Museum und
eine Plantage, auf deren schwarzer
Lavaerde Aloe vera kultiviert wird. Eine
Fabrik gleich nebenan stellt daraus
Lotions, Gel und Flüssigprodukte her.

 Sehenswert

Centro de Interpretación de los Molinos

| Mühlenmuseum |

 *Ausstellung in einem Wind-
mühlenkomplex*

In mehreren Sälen im ehemaligen,
sorgfältig restaurierten Haus des Müllers wird gezeigt, wie die verschiedenen Mühlen funktionieren: Hand-

Im Museum von Tiscamanita erfährt man viel Wissenswertes über Windmühlen

mühlen, wie sie die Ureinwohner benutzten, von Tieren angetriebene »tahonas« der europäischen Siedler sowie die beiden Windmühlentypen »molino« und »molina« (siehe »Im Blickpunkt«, S. 27). Ein klassischer »molino« mit vier Flügeln ist Teil des Museums und bei geeignetem Wind auch in Betrieb, um geröstete Getreidekörner für den Gofio zu mahlen, eine schon den Altkanariern bekannte, mehlähnliche Substanz, die bis heute auf den Kanaren gerne in Suppen oder unter Süßspeisen gerührt wird.

■ Ctra. de Antigua FV-20, www.arte saniaymuseosdefuerteventura.org, Di–Sa 10–18 Uhr, 2 €, Kinder bis 12 J. frei

ADAC *Wussten Sie schon?*

Bei Tiscamanita fallen **dunkle Felder** ins Auge, die sich deutlich vom rötlichen Boden der Umgebung abheben. Hier wird noch **Trockenfeldbau** nach einer aus Lanzarote importierten Methode praktiziert. Die Landwirte decken ihre Äcker nach der Aussaat mit einer isolierenden Schicht aus dunklem Vulkangrus ab. Diese speichert den nächtlichen Tau, der den Pflanzen nach einem ähnlichen Prinzip wie bei der Hydrokultur zugutekommt. Eine Bewässerung erübrigt sich damit.

Restaurants

€ | **Casa Luis** Hier wird deftige Hausmannskost aufgetischt, Ziegenfleisch spielt dabei eine große Rolle. Zu den Gästen zählen vorwiegend Einheimische. ■ Calle Principal, Tel. 928 16 41 79, Mo–Sa 13.30–16.30, 20.30–23 Uhr

Einkaufen

AVISA Die kleine Fabrik ist von Feldern umgeben, auf denen Aloe vera gedeiht, die hier zu vielerlei Kosmetika verarbeitet wird. Besichtigungsmöglichkeit und Verkauf. ■ N 124 Richtung Alcoutim, Tel. 281 49 81 53, Eintritt frei

24 Antigua

Landstädtchen mit vielen Windmühlen, schöner Kirche und Käsemuseum

Unbestrittenes wirtschaftliches und kulturelles Zentrum in der bäuerlich geprägten Inselmitte ist Antigua (2300 Einw.). Der Ort bietet sogar einige, wenn auch bescheidene Einkaufsmöglichkeiten. Dennoch ist hier im Vergleich zu den Küstenorten nicht viel los. In den Bars an der Durchgangsstraße legen Radsportler, die immer öfter auf Fuerteventura trainieren, gerne eine Pause ein. Ansonsten fahren Touristen meist gleich weiter zum etwas außerhalb im Norden gelegenen Käsemuseum.

 Sehenswert

Iglesia Nuestra Señora de la Antigua
| Kirche |

Die Hauptkirche der Stadt entstand in ihrer heutigen Form in der zweiten

Im Blickpunkt

Varianten vom Ziegenkäse

Rund 75 000 Ziegen leben auf der Insel, etwa 40 landwirtschaftliche Betriebe widmen sich dadurch der Herstellung von »Queso Majorero«. Die geschützte Ursprungsbezeichnung darf nur für Käse von Fuerteventura verwendet werden. Dessen Vielfalt ist verwirrend. Selbstredend pflegt jeder Produzent seine eigene Marke. Außerdem sind verschiedene Reifestufen im Angebot, von »tierno« (weich) über »semicurado« (halbreif) und »curado« (reif) bis »viejo« (alt). Die älteren Käse enthalten bis zu 15 % Schafsmilch und können wie Parmesan gerieben werden. Oft werden die Laibe in Paprikapulver, Kräutern oder in Gofio gewälzt.

Hälfte des 18. Jh., als sich hier die erste eigenständige Pfarrei der Insel nach Betancuria bildete. Zuvor hatten die Feudalherren dies verhindert. Innen fällt die geschnitzte Holzdecke im Stil des Mudéjar, von den nach der Reconquista in Spanien verbliebenen Mauren inspiriert, ins Auge. Bei dem Holz handelt es sich um Kanarische Kiefer aus Teneriffa, die deutlich teurer als die einheimischen Baumarten Palme oder Tamariske, dafür aber auch wesentlich haltbarer war. Im Hauptaltar wird die Figur der Jungfrau von Antigua verehrt, die aus einem Vorgängerbau (16. Jh.) stammt. Auf dem weitläufigen Kirchplatz, dem hohe Bäume Schatten spenden, treffen sich die Einheimischen zur Siesta oder in den frühen Abendstunden.

■ Plaza Cruz de los Caídos, vormittags meist geöffnet, ansonsten zur Messe Mi und So 18 (Sommer 19) Uhr

Museo del Queso Majorero
| Museum |

 Käsemuseum in einem ehemaligen Landgut

Wahrzeichen des Museums ist eine Windmühle. Daneben steht ein altes Gutshaus mit Balkongalerie im ersten Stock. In einem modernen Trakt widmet sich das Museum dem berühmten Ziegenkäse von Fuerteventura. Seine Herstellung, die auf die Ureinwohner zurückgeht, wird ebenso dokumentiert wie die Haltung der auf der Insel allgegenwärtigen Ziegen. Im angeschlossenen Shop kann natürlich der Käse auch gekauft werden, außerdem gibt es traditionelles und modernes Kunsthandwerk. Hinter dem Gebäudekomplex bietet sich ein kleiner Kaktusgarten zum Ausruhen und Beinevertreten an.

■ Ctra. de Puerto del Rosario FV-20, www.artesaniaymuseosdefuerteventura. org, Di–Sa 10–18 Uhr, Eintritt 2 €, Kinder bis 12 J. frei

 ## Restaurants

€ | **El Artesano** Eher eine Snackbar, man speist vorwiegend bodenständige Tapas. Oft finden sich Ortsbewohner auch einfach nur auf einen Drink ein. ■ Calle Real 13, Tel. 928 87 80 39, Di–So 9–1 Uhr

 ## Events

Feria Insular de Artesanía Die Kunsthandwerksmesse findet an einem verlängerten Wochenende im Mai oder Anfang Juni auf dem Gelände des Museo del Queso Majorero (S. 72) statt. Handwerker von allen Kanareninseln präsentieren hier ihre Arbeiten: Stickereien, Webarbeiten, Korb- und Flechtwaren, Keramik, Zigarren oder Seide von La Palma. ■ www.visitfuerteventura.es, Do 18–21, Fr, Sa 10–21, So 10–20 Uhr, Eintritt frei

 ## Sport

Crines del Viento Reiterhof in Triquivijate, einem kleinen Nachbarort von Antigua. Auch Anfänger können hier einen einstündigen Ausritt unternehmen (meist morgens um 10 Uhr). ■ Triquivijate 119, Tel. 678 21 31 08, www. crinesdelviento.com

 ## Wandern

Im Zentrum von Antigua bei der Kirche beginnt der ausgeschilderte **Wanderweg SL FV 29**, der über die Passhöhe Degollada Vieja (583 m) auf einer

In Antigua erfährt man, wie Queso Majorero von Hand hergestellt wird

alten Verbindungsroute nach Betancuria führt (pro Strecke 2 Std., mittelschwer). Rückweg wie Hinweg oder zurück per Taxi (Tel. 928 87 80 94 oder 928 87 80 11; ca. 15 €).

 ## In der Umgebung

Savimax
| Plantage |

 Größte Farm Fuerteventuras für den Anbau von Aloe vera
Auf riesigen Feldern ringsum gedeiht die »Wüstenlilie«. In der Fabrikhalle wird die Verarbeitung gezeigt. Anschließend kann im Verkaufsraum gestöbert und probiert werden. Ganz billig sind die Erzeugnisse, zu denen reiner Saft und diverse Kosmetikartikel

wie Seife, Shampoo oder Feuchtig-keitscreme zählen, nicht. Dafür gelten sie als besonders hochwertig.

■ Nahe FV-50 bei Majada Blanca, Calle Montaña Blanca, www.purealoe.es, Mo–Fr 10–19 Uhr, Eintritt frei

25 Ampuyenta

Kleiner Ort mit einem interessanten Ensemble von Baudenkmälern

Das ehemalige Bauerndorf ist heute in seinem Kern fast schon ein Freiluft-museum. Der Franziskanerorden spiel-te hier jahrhundertelang eine große Rolle, geblieben sind eine sehenswer-te Kirche und das Geburtshaus eines bedeutenden Mönchs. Im 19. Jh. mach-te zudem ein einheimischer Arzt von

sich reden. Sein Wohnhaus und ein kleines Hospital vervollständigen das Quartett der Sehenswürdigkeiten. Die Einkehrmöglichkeiten beschrän-ken sich auf zwei sehr unterschied-liche Restaurants (S. 75).

 **Sehenswert**

Complejo Cultural-Patrimonial de La Ampuyenta
| Museumskomplex |

⬦15 *Vier Baudenkmäler aus ver-schiedenen Epochen*

Ein berühmter Sohn des Ortes war Dr. Tomás Mena y Mesa (1802–1868), der weit in der Welt herumkam, Chirurgie studierte und in Kuba zahlreiche Pati-enten von verschiedenen Tropen-krankheiten heilte. Nach seiner Rück-

Noch heute kann man in Ampuyenta auf den Spuren der Franziskaner wandeln

kehr 1848 lebte er in einem Haus an der Hauptstraße, das heute als Casa Museo Dr. Mena zu besichtigen ist. Zu sehen sind Einrichtungsgegenstände aus dem 19. Jh., einige davon aus dem Besitz des Arztes. Einen Teil seines Vermögens investierte Dr. Mena in das kleine Privathospital schräg gegenüber, dessen Architektur an eine Kirche erinnert. Es ging nie in Betrieb und beherbergt heute das Centro de Interpretación de las Ermitas de Fuerteventura mit wechselnden Ausstellungen. Hinter dem Hospital versteckt sich die Ermita San Pedro de Alcántara, eine der schönsten Kirchen der Insel. Das Baudatum ist unbekannt, lag aber nachweislich vor 1698. Wie es für Franziskanerkirchen üblich war, ist ihr Vorplatz von einer weißen, von Zinnen gekrönten Mauer umgeben. Gerne wird sie als »Sixtinische Kapelle der Kanaren« bezeichnet, wegen der Fresken im Inneren, die Altäre, Emporen und Gewölbe imitieren. Außerdem beherbergt die Ermita Gemälde eines anonymen Meisters (18. Jh.) mit Szenen aus dem Leben des Franziskanerheiligen Petrus von Alcántara, der im 16. Jh. in Spanien lebte. Bei der vierten Sehenswürdigkeit des Museumskomplexes handelt es sich um die Casa Fray Andresito, das Geburtshaus des Franziskanermönchs Andrés García Acosta (1800–1853), der in Chile missionierte und jetzt seliggesprochen werden soll. Die Stätte wird gerne von Pilgern besucht.

■ Calle Virgen del Rosario 9, www.arte saniaymuseosdefuerteventura.org, Centro de Interpretación Di–Sa 10–18 Uhr, Eintritt frei; hier beginnen Gratisführungen zu den anderen Baudenkmälern um 10.30, 12.30, 14.30 und 16.30 Uhr

 Restaurants

€ | Fidel Ein unverwüstlicher Klassiker, von Einheimischen und Touristen gern besucht. Typisches Lokal, in dem Ziegen- und Schweinefleisch aufgetischt wird, wenngleich im einfachen Rahmen. ■ Ampuyenta 49, Tel. 928 17 52 50, Mo–Sa 7–23 Uhr

€€€ | La Fabiola Das feine Lokal unter belgischer Leitung gilt als Gourmet-Adresse. Man setzt auf frische Produkte aus der Region. Rustikales Ambiente in einem 250 Jahre alten Dorfhaus. Nach dem Essen wechseln die Gäste in die gemütliche Hausbar oder in den romantischen Garten. Reservierung erforderlich. ■ Calle Real 1, Tel. 928 17 46 05, www.lafabiola.es, Do–Sa ab 20.30, So 13.30–15.30 Uhr

Übernachten

Wer an der Ostküste Fuerteventuras Ferien macht, quartiert sich meist in Caleta de Fuste ein. Der Ort gilt wegen seines geschützten Strandes und der vorherrschenden Bungalowsiedlungen, in denen man relativ preisgünstig wohnt, als familienfreundlich. Im Umkreis der beiden Golfplätze haben sich einige Luxushotels angesiedelt. Briten stellen die Mehrheit der Feriengäste, aber auch Deutsche beginnen Caleta de Fuste zu entdecken. Neben dem Fischerort Las Playitas befindet sich in Alleinlage ein großes, sportorientiertes Ferienresort, das rund 1000 Urlaubern Platz bietet. Auch in Tarajalejo gibt es mit einem Ferienhotel eine bescheidene touristische Entwicklung.

Caleta de Fuste 56

€ | Fuerteventura Beach Club Zwar eher einfach ausgestattet, aber bei kleinem Budget durchaus akzeptabel. Die Apartments in Flachbauweise verteilen sich in einem großen Garten, in dem sich auch zwei Pools befinden. Ein Restaurant gibt es ebenfalls. Zum Strand beträgt der Fußweg etwa eine Viertelstunde. Eigentlich als Timesharing-Anlage konzipiert, die Wohneinheiten werden jetzt aber über Veranstalter und Internetanbieter auch frei vermietet. ■ Calle El Greco, Tel. 928 16 36 20, www.elite clubresorts.com

(16) **€ | La Casita** Das gemütliche, kleine Frühstückshotel in zentraler Lage wird von italienischen Eigentümern geführt. 17 Zimmer, alle sehr geschmackvoll mit Naturmaterialien wie Rattan eingerichtet und in warmen Farben dekoriert. Kanarische Architektur, im Innenhof befinden sich Garten und Pool. Jedes Zimmer verfügt über einen Balkon. Es gibt eine kleine Bar. ■ Calle Alcalde Francisco Berriel Jordan 8, Tel. 928 85 70 99, www.lacasitahotel.com

€€ | Barceló Castillo Beach Resort Der Klassiker im Ort, eine gefällige Anlage im Bungalowstil hinter Strand und Hafen. Hier urlauben viele Familien. Man kann sich selbst verpflegen oder auch die drei Restaurants, Café und Snackbar nutzen. Es gibt drei Pools, Sauna, Whirlpool, Fitnessbereich und ein Spa. ■ Avenida del Castillo, Tel. 928 16 31 00, www.barcelo.com

€€ | Globales Costa Tropical Wer von einem zentralen Standort die Insel per Mietwagen erkunden möchte, liegt mit diesem Ferienkomplex richtig. Gefällige Einrichtung mit einem exotischen Touch. Apartments und Bungalows gruppieren sich um einen recht geräumigen Pool. Ringsherum ist nicht viel los. Es geht ruhig zu, einmal abgesehen von den Starts und Landungen auf dem nahe gelegenen Flughafen. ■ Costa de Antigua, Calle Maestro Leonardo, Tel. 928 16 32 29, www.hoteles globales.com

€€€ | Barceló Fuerteventura Thalasso Spa Hier wird Wellness groß geschrieben. Fuerteventuras wohl führendes Spa-Hotel bietet ein supermodern ausgestattetes Thalasso-Therapiezentrum. Aber auch die Poollandschaft ist nicht zu verachten. Wer ein Superior-Zimmer bucht, genießt im eigenen Bad die Hydromassage, eine Regendusche ist in allen Zimmern vorhanden. Erwachsene freuen sich außerdem über das große Sport- und Animationsprogramm. Für Kinder gibt es einen als Piratennest gestylten Spielbereich und den Barcy Club mit intelligenten Spielen und Workshops. ■ Avenida del Castillo, Tel. 928 54 75 17, www. barcelo.com

Las Playitas 63

€€ | **Playitas Resort** In der weitläufigen Ferienanlage wird nicht auf Animation gesetzt, sondern auf ernsthafte sportliche Betätigung. Schwimmbad mit Olympiamaßen, Fitnesspark, anspruchsvoller 18-Loch-Golfplatz und eine 122 m lange Rutsche im Poolbereich sind vorhanden. Auch ansonsten ist das Sportangebot breit gefächert. Drei Unterkunftstypen stehen zur Auswahl: Das Playitas Hotel eignet sich vor allem für Paare und Alleinreisende und bietet angenehme, funktionale Zimmer, aber auch geräumigere Juniorsuiten und sogar vier Zimmer mit privatem Pool auf der Terrasse. Gegenüber im Playitas Aparthotel fühlen sich Familien in Studios und Apartments wohl. Beide Hotels verfügen über Büfettrestaurants, deren Angebot auf Sportler ausgerichtet ist. Teurer und exklusiver sind die Villen, die etwas abseits vom Meer in der Nähe des Golfplatzes liegen. ■ Playa de Las Playitas, Tel. 928 86 04 00, www. playitas.net, Golfplatz: www.playitas. net/de/golf

Freunde des Golfsports können im Playitas Resort ihrem Hobby frönen

Tarajalejo 66

€€ | **R2 Bahía Playa Design Hotel & Spa** In dem modern-minimalistisch eingerichteten Hotel am Strand neben dem alten Fischerort bleiben Erwachsene unter sich. Das mit Saunalandschaft, Jacuzzi und Eisbrunnen ausgerüstete Spa kann gegen Gebühr genutzt werden. Angeschlossen sind die im angrenzenden Garten gelegenen, für frisch verliebte Paare konzipierten R2 Romantic Fantasia Suites. Zu der Anlage gehört ein Wassersportzentrum (S. 66). Auch Fahrradausflüge werden angeboten. Abends Entertainment mit Musik und Liveshows. ■ Avenida de las Palmeras, Tel. 928 54 60 54, www.r2hotels.com

Das Bergland im Westen der Insel

Fuerteventuras ursprünglichster Teil hält pittoreske Dörfer und Palmenoasen zwischen kargen Felslandschaften bereit

seiner Umgebung lassen sich dunkle Höhlen, ein alter Kalkhafen und ein wasserreicher Palmenhain erkunden.

In diesem Kapitel:

26 Valle de Santa Inés 80
27 Betancuria 82
28 Vega de Río Palmas 89
29 Pájara 91
30 Ajuy 92
31 El Cardón 95
Übernachten 97

Die winzige alte Hauptstadt Betancuria mit ihrem malerischen Ortsbild, historischen Baudenkmälern und einer hervorragenden Gastronomie wirkt auf Tagesbesucher wie ein Magnet. Auch die Palmenoase Vega de Río Palmas und die Kleinstadt Pájara mit ihren noblen Gutshäusern und einer rätselhaften Kirche ziehen viele Besucher in den Bann. Großartige Panoramen bieten mehrere Aussichtspunkte an der kurvenreichen Straße durch die Berge, allen voran der Mirador de Morro Velosa. Schwer zugänglich ist die Steilküste im Westen. Individualisten verbringen ihre Ferien an einem winzigen, wellenumtosten Strand bei Valle de Santa Inés. Der Fischerort Ajuy zieht sowohl Einheimische als auch Touristen wegen seiner renommierten Fischlokale an. In

ADAC Top Tipps:

 Betancuria
| Historische Stadt |
Inseleroberer Jean de Béthencourt gründete hier, mitten in den Bergen, seine Hauptstadt. Aus dieser Zeit sind in dem winzigen Ort eine ehemalige Kathedrale, Stadtpaläste und ein verfallenes Kloster erhalten geblieben. 82

Iglesia Nuestra Señora de Regla, Pájara
| Kirche |
Die aztekisch anmutende Fassade der Kirche von Pájara gibt Rätsel auf. Doch stammen die Steinmetzarbeiten nicht von indianischen Künstlern, sondern entspringen einer europäischen Mode der Barockzeit. 91

ADAC Empfehlungen:

 Mirador de Morro Velosa, bei Betancuria
| Aussichtspunkt |
Im Stil von Lanzarotes Ausnahme-
künstler César Manrique entstand
der Aussichtspunkt mit weitem
Blick nach Norden. 88

 Casa de la Naturaleza, bei Vega de Río Palmas
| Restaurant |
Mit viel Liebe zum Detail verwandelte der auf der Insel lebende Fotograf
und Designer Reiner Loos das ländliche Haus in ein lauschiges Gartenlokal mit audiovisueller Schau zum
Naturpark Betancuria. 90

 Cuevas de Ajuy
| Höhlen |
Eine abenteuerlich steile Treppe
erschließt die beiden finsteren
Grotten am Meer, vor denen die
Brandung tobt. 93

26 Valle de Santa Inés

Ein Dorf von historischer Bedeutung, mit wildem Strand

Der Bauernort, in dem heute nur noch etwa 300 Menschen leben, wurde vermutlich schon im 15. Jh. gegründet und zählt damit zu den ältesten Siedlungen Fuerteventuras. Seine Häuser, zu denen auch einige sorgfältig restaurierte Gutshöfe zählen, verteilen sich locker in der Landschaft. Ein Dorfkern fehlt. Das Geschehen spielt sich rund um die zentrale Straßenkreuzung ab, wo sich das einzige Restaurant und ein kleiner Gemischtwarenladen gegenüberstehen. Zwar stammt die auf der ganzen Insel bekannte Töpferdynastie Acosta aus Valle de Santa Inés, doch ihre Erzeugnisse sucht man hier vergeblich. Ohne Drehscheibe, mittels der von den Altkanariern aus Afrika mitgebrachten Aufbautechnik, formen die Frauen Tongefäße, mit denen sich früher die Nachbarschaft und Durchreisende eindeckten. Inzwischen hat Josefa Acosta einen Stand auf dem Sonntagsmarkt im Oasis Park (S. 67), und ihre Tochter María Salomé arbeitet in der Werkstatt des Freilichtmuseums La Alcogida in Tefía (S. 50), wo sie auch junge Keramikerinnen ausbildet.

 Sehenswert

Ermita de Santa Inés

| Kirche |

Wahrscheinlich gründete Inés Peraza, die Gattin des damaligen Inselherrschers Diego García de Herrera, die Ermita schon in der zweiten Hälfte des 15. Jh. und ließ sie ihrer Namenspatronin weihen. 1586 wurde das Gotteshaus erstmals schriftlich erwähnt. Bis ins 17. Jh. hinein fand in der Kirche nach der Messe anlässlich der Fiesta de Santa Inés (s. u.) die Auslosung von zwei der vier Ratsherren von Fuerteventura für eine Amtszeit von jeweils einem Jahr statt. Die Kandidaten stammten aus den örtlichen Großgrundbesitzerfamilien. Betancuria stellte die beiden anderen Räte. Größere Umbauten erfolgten im 18. Jh. Damals wurde der seitliche Glockengiebel mit geschwungenen Voluten im Barockstil gemauert. Erst 1968 entstand die sehenswerte Eingangstür an der vorderen Fassade. Der Holzschnitzer José Melián Martín aus Antigua fertigte sie im Kassettenstil und verzierte sie mit allerlei hübschen Motiven aus dem Pflanzen- und Tierreich. Die Dorfbewohner freuen sich über den kürzlich renovierten und gepflasterten Platz vor der Kirche, auf dem sie bei besonderen Anlässen, etwa Hochzeiten, zusammenstehen.

■ Plaza Valle de Santa Inés 1, meist nur zur Messe am 2. und 4. Do im Monat 18 (Sommer 19) Uhr geöffnet

 Restaurants

€ | **Abuelo Alfredo** Einfaches kanarisches Ausflugsrestaurant, deftige Küche. Mittags kehren hier oft Busgesellschaften ein, aber auch Einzelreisende werden gut bedient. Mit kleiner Straßenterrasse. ■ Calle Real, Tel. 928 87 87 64, tgl. 8–24 Uhr, Küche 12–17 Uhr

 Events

Fiesta de Santa Inés Dieses Kirchenfest gilt als das älteste der Insel. Mit Prozession und Folkloretänzen. ■ 21. Januar

Blick vom Mirador de Morro Velosa auf das historische Dorf Valle de Santa Inés

🚗 In der Umgebung

Llanos de la Concepción
| Bauerndorf |

Ähnlich wie das benachbarte Valle de Santa Inés war die Streusiedlung Llanos de la Concepción (200 Einw.) früher ein Zentrum des Getreideanbaus. Erhalten geblieben sind ein alter Getreidesilo und zwei inzwischen restaurierte Windmühlen vom Typ Molino (S. 27). Bei einer von ihnen drehen sich als Besonderheit nicht die üblichen vier, sondern sechs Flügel.

■ FV-30, 1,5 km nordöstl. von Valle de Santa Inés

Playa del Valle
| Strand |

Recht einsam an der Westküste liegt diese Playa. Die Straße endet bei der kleinen Apartmentanlage Aguas Ver-des (S. 97), die vor allem von Urlaubern auf der Suche nach Ruhe und Abgeschiedenheit angesteuert wird. Von dort fährt oder läuft man noch 1 km auf einer Piste bis zu einem kiesigen Strand. Ringsum verteilen sich einige Ferienhäuser. Flache Klippen bilden vor der Playa del Valle eine relativ geschützte Bucht, in der bei ruhiger See gebadet wird. Schnorchler können Reste des Schiffswracks »Jucar« erkunden, das hier seit den 1980er-Jahren lag, im Jahr 2000 aber demontiert und abtransportiert wurde. Im Winter ist es wegen hoher Brandung allerdings meist nicht möglich, ins Wasser zu gehen. In jedem Fall kann man dann die wohltuende Sonnenwärme auf den dunklen Felsen genießen oder einen Strandspaziergang unternehmen.

■ 8 km nordwestl. von Valle de Santa Inés

Betancuria

Palmengesäumte Idylle mit bewegter Vergangenheit

Hinter weiß getünchten Fassaden wartet Betancuria mit historischem Flair auf

 Information

- www.aytobetancuria.org
- Parken: siehe S. 86

 Charmante alte Hauptstadt mit Kathedrale, Kloster und Palästen

Gerade einmal 200 Einwohner zählt die historische Hauptstadt von Fuerteventura. Dennoch wirkt sie dank ihrer gewaltigen Kirche, der vornehmen einstmaligen Adelssitze und des malerischen Gesamtbilds nicht wie ein Dorf. Palmen ragen zwischen den weißen Häusern auf, Hibiskus und anderer Blütenschmuck zieren die schmalen Gassen, die unweigerlich zum Bummeln einladen. Betancuria lockt viele Tagesbesucher an, die seine Baudenkmäler besuchen, bevor sie sich in einem der netten Lokale mit Tapas oder Inselspezialitäten verwöhnen lassen. Wer die kleine Stadt einmal ganz untouristisch erleben möchte, sollte bis in die Abendstunden hinein bleiben.

Der Inseleroberer und Stadtgründer Jean de Béthencourt kehrte schon 1412 in seine Heimat Normandie zurück und überließ seinem Neffen Maciot die Statthalterschaft. Dieser trat wiederum sechs Jahre später seine Rechte unter dem Druck des kastilischen Königs an Alfonso de Las Casas ab. Des-

Plan
S. 87

curia mit der Abschaffung des Feudal-
systems in Spanien seine Hauptstadt-
funktion auch offiziell. Erst in jüngerer
Zeit erfolgte durch den Tourismus
eine Wiederbelebung.

👁 Sehenswert

① Iglesia Santa María
| Kirche |

Die Hauptkirche der Stadt war für
sechs Jahre sogar Kathedrale. In der
Zeit des Kirchenschismas hatte sich

Im Blickpunkt

Jean de Béthencourt

Was zog Jean de Béthencourt
eigentlich auf die Kanaren? Er war
Lehnsherr des normannischen
Färberorts Grainville-la-Teinturière.
Um seine hohen Schulden zu be-
gleichen, wollte er einen Handel
mit der auf den Kanaren heimi-
schen Lackmusflechte aufbauen,
die einen wertvollen violetten
Naturfarbstoff lieferte. Zu diesem
Zweck begab er sich in die Dienste
des Königs von Kastilien, der ihm
die vom Papst verliehenen Erobe-
rungsrechte an den Kanarischen
Inseln übertrug. Béthencourt be-
setzte 1402 zunächst Lanzarote
und drei Jahre später auch Fuerteventura, wo er die nach ihm benannte Hauptstadt Betancuria
gründete. Nach der Färberflechte
heißen die beiden Inseln heute
noch Purpurarien.

sen Familie übte in der Folgezeit die
Lehnsherrschaft über Fuerteventura
aus. Abseits der Küste gelegen und
durch die umliegenden Berge ge-
schützt, war Betancuria eigentlich vor
Piratenüberfällen relativ sicher. Dennoch gelang es 1593 Sarazenen, die
Stadt auszuplündern und großenteils
zu zerstören. Die heutige Kirche und
die Paläste in den Gassen ringsum
stammen aus der Zeit des Wiederauf-
baus (17. Jh.). Danach passierte in Betancuria nicht mehr viel. Die Herrscherfamilie verlegte ihren Wohnsitz
nach Teneriffa, die Macht auf Fuerteventura ging an die Obersten von La
Oliva über (S. 42). 1834 verlor Betan-

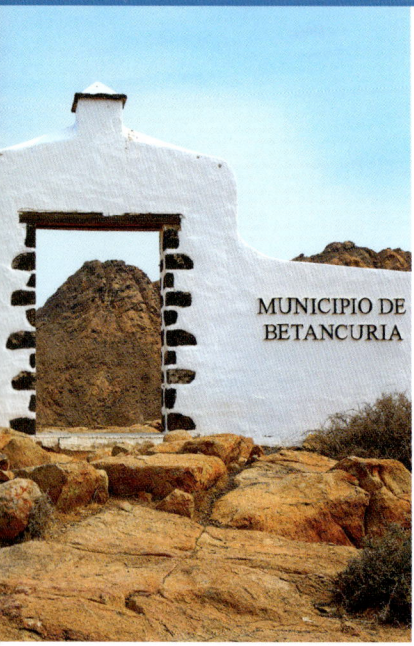

MUNICIPIO DE
BETANCURIA

*Die charmante alte Hauptstadt heißt
Besucher herzlich willkommen*

der Bischof von Lanzarote dem Ge-
genpapst in Avignon unterstellt. So
ernannte der Vatikan 1424 einen zweiten kanarischen Bischof mit Sitz in
Betancuria. 1430, nachdem der Gegen-
papst zurückgetreten war, wurde
dieses Bistum allerdings hinfällig. Der
ursprüngliche Bau erlitt bei dem Piratenüberfall von 1593 schwere Schäden
und wurde anschließend als Wehr-
kirche gestaltet, mit dicken Mauern
und kleinen, von außen nur mit Leitern
erreichbaren Fenstern. Am Portal im
Stil der Spätrenaissance prangt noch
das bischöfliche Wappen mit der Müt-
ze über gekreuzten Schlüsseln. Die
Mudéjar-Holzdecke im Inneren wurde
vor allem im rechten Seitenschiff sehr
aufwändig geschnitzt. Der teils ver-
goldete, teils üppig mit Früchten und
Landschaften bemalte Barockaltar im

Chor stammt von 1684. Von der ersten
Kirche blieb noch der Spitzbogen davor erhalten, ebenso wie der sogenannte Eselsrücken, eine übersteiger-
te Form des Kielbogens am Eingang
zur Sakristei. Letztere beherbergt ein
kleines Museum mit dem Kirchen-
schatz. Im linken Seitenschiff wird
die frühbarocke Figur der Virgen de
la Concepción (Jungfrau der Unbe-
fleckten Empfängnis) aufbewahrt, der
Schutzpatronin von Betancuria.
■ Calle San Diego de Alcalá 2, Mo–Sa
10–12.30, 13–15.50 Uhr, 1,50 €

❷ Casa Santa María
| **Ethnografisches Museum** |
Vor Jahren kaufte der Fotograf Reiner Loos den ehrwürdigen Adels-
palast am Kirchplatz und verwandelte
ihn in ein spannendes Museum. Kunsthandwerker führen Besuchern ihre
Arbeit vor, eine kleine Ausstellung
zeigt Fotos vom Fuerteventura früherer Jahrzehnte sowie altes landwirtschaftliches Gerät. Zum hausge-
backenen Brot werden »mojo«, Käse
und Wein gereicht (im Eintrittpreis inbegriffen). Eine Multivisionsschau, die
Loos gemeinsam mit seinem Kollegen
Luis Soltmann zusammengestellt hat,
führt die letzten authentischen Winkel
der Insel vor, im 3D-Kino wird die Unterwasserwelt vor der Küste gezeigt,
auch ein virtueller Ziegenstall steht auf
dem Programm.
■ Plaza Santa Maria 1, www.casasanta
maria.net, Mo–Sa 10–15.30 Uhr, 5 €,
erm. 2,50 €

**❸ Museo Arqueológico, Histó-
rico y Etnográfico Insular**
| **Inselmuseum** |
Bisher war das Museum in einem
Stadthaus an der Hauptstraße unter-

gebracht, das demnächst nur noch die Rezeption beherbergen soll. Die umfangreiche archäologische, historische und ethnografische Sammlung wird dann in einem angrenzenden Neubau mit riesigen Glasscheiben, die einen spektakulären Blick auf den Ort ermöglichen werden, zu sehen sein. Zum Bestand gehören sechs wertvolle Statuetten (Idole) aus der Cueva de los Ídolos bei La Oliva. Vermutlich nutzten die Altkanarier sie bei Fruchtbarkeitsritualen. Auch die bedeutenden prähistorischen Funde aus der Cueva de Villaverde werden demnächst hier gezeigt. Außerdem befinden sich altes Haus- und Landwirtschaftsgerät und Keramik aus der Zeit nach der Conquista im Bestand.

■ Calle Roberto Roldán, www.artesaniay museosdefuerteventura.org, bis auf Weiteres wegen Umbau geschl.

4 Calle Roberto Roldán
| Straßenzug |

Jean de Béthencourt soll 200 Bauern und Handwerker aus der Normandie angeworben haben, um Betancuria zu besiedeln. Aus dieser Zeit sind noch einige eingeschossige Häuser in der Calle Roberto Roldán, der heutigen Durchgangsstraße, und in ihrer Parallelstraße Calle Hermanos Martín Fajardo erhalten. Manche weisen an Tür oder Fenster einen Eselsjochbogen auf, der an einen umgekehrten Schiffskiel erinnert und daher von den Kunsthistorikern auch Kielbogen genannt wird. Dieses dekorative Element gelangte von Persien mit den Mauren nach Südspanien und von dort auf die Kanarischen Inseln. Viele Gebäude wurden bei einem Piratenüberfall 1593 unter dem Kommando des Korsaren Xabán Arráez zerstört.

5 Convento de San Buenaventura
| Klosterruine |

In einer lauschigen Gartenanlage nahe der Straße nach Antigua stehen die Reste des ehemaligen Franziskanerklosters. Erhalten geblieben sind von dem Bau, der ab 1416 errichtet wurde, fast nur die Außenmauern in Form eines lateinischen Kreuzes, das typisch für den Franziskanerorden ist. Das gotische Portal mit einem Spitzbogen ist noch vorhanden, ebenso ein Fenster mit Eselsjochbogen. Außerdem kann man eine Grabplatte vor dem ehemaligen Altar und Reste des Kreuzgangs ausmachen. Nach Auflösung aller Klöster in Spanien wurden 1836 wertvolle Objekte wie Heiligenfiguren oder Bilder in andere Kirchen überführt. Der Rest des Gebäudekomplexes wurde allmählich von der Bevölkerung abgetragen und als Baumaterial verwendet. Zur Ruine gehört eine kleine Grünanlage, die nach dem Eroberer Diego García de Herrera benannt ist.

■ Calle Presidente Hormiga 13, frei zugänglich

ADAC *Wussten Sie schon?*

Eine kulinarische Besonderheit der Insel ist »cabrito al horno«, geschmortes Zicklein aus dem Ofen. Zuvor wird das Fleisch in Buttermilch eingelegt, um es besonders zart zu machen. Gewürzt wird mit Knoblauch und frischen Kräutern, etwa Thymian oder Rosmarin. Viele Restaurants sind auf dieses Gericht spezialisiert. Bei den Einheimischen gilt es als Festspeise, die gerne auch zu Weihnachten auf den Tisch kommt.

Im Blickpunkt

Franziskaner auf Fuerteventura

Die ersten sieben Franziskanermönche kamen schon 1405 mit Jean de Béthencourt auf die Insel. Sie kümmerten sich zunächst um die Seelsorge der Normannen, begannen aber bald mit der Missionierung der Ureinwohner. Ihren Hauptsitz richteten sie in Betancuria ein. Von dort aus gründeten sie überall auf Fuerteventura Einsiedeleien und Dorfkirchen nach einem einheitlichen Schema. Eine weiße, von Zinnen gekrönte Mauer umschließt in der Regel den Kirchhof. An der Frontfassade der ansonsten sehr schlichten Kirche ragt zentral, seltener auch seitlich, der kleine Glockengiebel auf. Innen sind auf Gemälden oft Szenen aus dem Leben von Franziskanerheiligen dargestellt, am schönsten in Ampuyenta (S. 74). Aus Ampuyenta stammte auch der wohl berühmteste Franziskanerbruder der Insel, Andrés García Acosta (1800–1853), der als Missionar nach Chile ging. Von der Säkularisation im 19. Jh., die mit einer Enteignung sämtlichen Besitzes einherging, konnte sich der Franziskanerorden auf Fuerteventura nicht mehr erholen.

6 Capilla San Diego de Alcalá
| Kapelle |

Nicht weit vom Kloster San Buenaventura, nur durch ein Bachbett getrennt, wurde dieses schlichte Gotteshaus über eine ehemalige Höhle gesetzt, in die sich Diego de Alcalá (auch Bruder Didacus genannt), der von 1445 bis 1449 das Amt des Abts im Franziskanerkloster bekleidete, zum Gebet zurückzog. Wegen der zahlreichen Wunder, die er bewirkt haben soll, wurde er später heiliggesprochen.

 Ctra. de Puerto del Rosario FV-30, geöffnet nur zu besonderen Anlässen

P Parken

Im Ortszentrum sind Parklücken knapp. Am besten stellt man seinen Wagen auf dem großen, gebührenfreien Parkplatz am **südlichen Ortseingang** ab (5–10 Min. Fußweg zum Zentrum).

Restaurants

€ | La Casa del Queso Nicht nur Käse, wie der Name andeutet, sondern auch andere kleine Gerichte werden auf der schmalen Straßenterrasse verspeist, mit Blick auf das Geschehen. Radfahrer legen hier gerne eine Pause ein. ■ Calle Roberto Roldán 8, Tel. 928 87 83 49, tgl. 9–20 Uhr, Plan S. 87 b3

€€ | **Bodegón Don Carmelo** Hübsch hergerichtetes Stadthaus mit Terrasse im Garten. Gekocht wird mit frischen Zutaten, auch vegetarisch. Die meisten Gäste bestellen Tapas. Gerichte zum Sattwerden und üppige Desserts stehen ebenfalls auf der Speisekarte. ■ Calle Alcalde Carmelo Silvera 4, Tel. 928 87 83 91, Mo–Sa 10–18 Uhr, Plan S. 87 b2

€€ | **Casa Princess Arminda** Die Tische im Patio des restaurierten alten Hauses sind sehr begehrt. Aufgetischt werden traditionelle Tapas und Fleischgerichte, etwa Lamm- oder Ziegenragout. ■ Calle Juan de Béthencourt 2, Tel. 928 87 89 79, tgl. 12–17 Uhr, auf Anfrage auch abends, Plan S. 87 b2

€€€ | Casa Santa María Sicherlich eines der Spitzenlokale der Insel. Wunderschön sitzt man im begrünten Innenhof des alten Stadtpalastes. Spezialität des Hauses ist Zicklein mit Rosmarinsoße. ■ Plaza Santa María 1, Tel. 928 87 82 82, www.casasantamaria.net, Mo–Sa 10–17.30 Uhr, Küche 12–17 Uhr, Plan S. 87 b2

 Einkaufen

Artesania de Betancuria Wer ein hübsches Mitbringsel von der Insel sucht, wird in diesem Kunsthandwerkerladen sicher fündig. Ein großer Fundus von Korbwaren, Keramikprodukten, Stickereien, Webarbeiten, Schmuck und anderen Handarbeiten. Mit kleiner Ausstellung von unverkäuflichen Exponaten ■ Calle Roberto Roldán, Di–Sa 10–18 Uhr, Plan S. 87 b2

Finca Pepe Hier wird die Käsemarke El Convento hergestellt und verkauft. Die urige Ziegenfarm und ein kleines Käsemuseum sind zu besichtigen. Im angeschlossenen Shop darf auch probiert werden. ■ Granja Las Alcaravaneras, Zufahrt ab FV-30 Richtung Antigua (auf Höhe Franziskanerkloster nach Westen abbiegen), www.fincapepe.com, tgl. 8–20 (Produktion 9–12) Uhr, Eintritt frei, Plan S. 87 östl. c3

 Events

Fiesta de San Buenaventura Fest zu Ehren des Inselpatrons, eines Franzis-

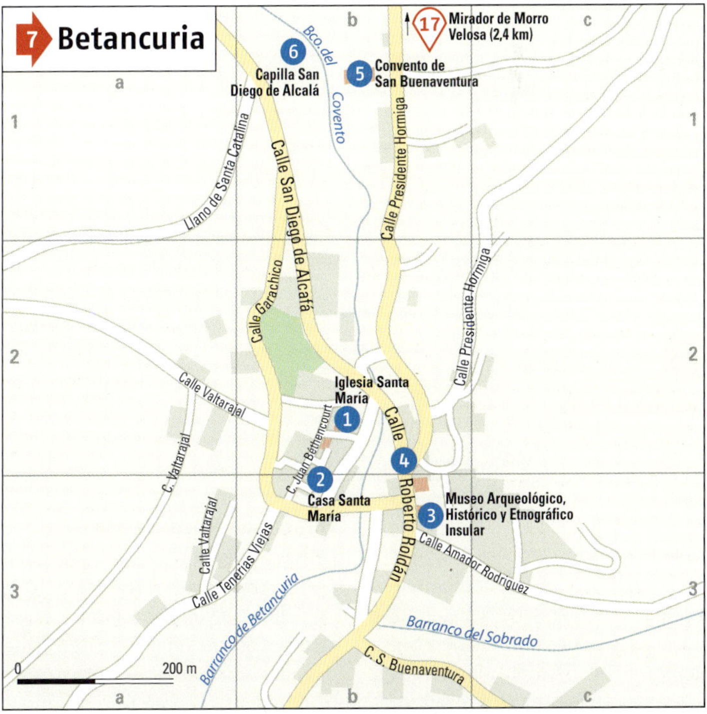

7 **Betancuria**

Capilla San Diego de Alcalá

Convento de San Buenaventura

Mirador de Morro Velosa (2,4 km)

Calle San Diego de Alcalá

Llano de Santa Catalina

Bco. del Convento

Calle Presidente Hormiga

Calle Garachico

Calle Valtarajal

C. Valtarajal

Iglesia Santa María

Casa Santa María

Museo Arqueológico, Histórico y Etnográfico Insular

Calle Benneficour

Calle Roberto Roldán

Calle Amador Rodríguez

Calle Tenerías Viejas

Calle Valtarajal

Barranco de Betancuria

Barranco del Sobrado

C. S. Buenaventura

0   200 m

Weit schweift der Blick vom Aussichtspunkt Morro Velosa über Berge bis zum Meer

kanerheiligen. Das Eroberungsbanner, das der kastilische König 1454 dem Inselherrscher Diego García de Herrera zur Bestätigung seines Lehens verlieh, wird nach der Mittagsmesse einer Prozession vorangetragen, von einer Blasmusikkapelle begleitet. Davor und danach wird eine Woche lang mit einem bunten Programm gefeiert. ■ 14. Juli, www.aytobetancuria.org

🚗 **In der Umgebung**

Castillo de Lara
| Picknickplatz |
Dieses Ausflugs- und Picknickgelände liegt mitten in Fuerteventuras einzigem Wald, der durch Aufforstung von Kiefern entstanden ist. Am Wochenende herrscht Trubel, an anderen Tagen genießt man hier Ruhe, Schatten und Vogelgezwitscher. Die Anlage ist ausgerüstet mit Tischen und Bänken, Grillstellen, Spielplatz und Toiletten.

■ FV-30, Km 16,5, ab dort 1,5 km lange Zufahrtspiste (ausgeschildert)

Mirador Guise y Ayose
| Aussichtspunkt |
An der Passhöhe nördlich von Betancuria lohnt in jedem Fall ein Stopp, um die Sicht ins Tal hinab zur Stadt und auch in die entgegengesetzte Richtung, zum Inselnorden, zu genießen. Die Bronzestatuen zweier prähistorischer Inselfürsten, Guise und Ayose, zieren seit einigen Jahren den Aussichtspunkt.

■ FV-30 Richtung Antigua, Km 12,5, 3 km nördl. von Betancuria

Mirador de Morro Velosa
| Aussichtspunkt |
🔻17 *Faszinierendes Aussichtsgebäude, Inselpanorama*
Blanca Cabrera Morales, eine Nichte des charismatischen Künstlers César Manrique von Lanzarote, entwarf das

Aussichtsgebäude in 645 m Höhe ganz im Sinne ihres Onkels. Aus der Ferne ist es von der zentralen Inselebene aus kaum auszumachen und scheint mit dem Hang, an den es sich schmiegt, zu verschmelzen. Nähert man sich ihm auf der Stichstraße, die nahe beim Mirador de Betancuria abzweigt, ähnelt der Bau jedoch einem kanarischen Gutshof. Auf der windigen Außenterrasse steht ein Fernrohr. Gemütlicher schaut man aber aus der Cafeteria im Inneren durch riesige Fensterscheiben nach Nordwesten bis nach Lanzarote. Eine Ausstellung befasst sich auf zwei Etagen mit Natur und Umweltproblemen Fuerteventuras. Auch ein offizieller Kunsthandwerksladen der Inselregierung ist hier untergebracht.

■ FV-30 Richtung Antigua, 4 km nordöstl. von Betancuria, www.artesaniay museosdefuerteventura.org, Di–Sa 10–18 Uhr, Eintritt frei

28 Vega de Río Palmas

Bauernhäuser in einer Palmenoase, Pilgerkirche mit Statue der Inselheiligen

Palmen säumen die Terrassenfelder von Vega de Río Palmas (200 Einw.), auf denen in jüngerer Zeit wieder vermehrt Gemüse angebaut wird. Für die Bewässerung pumpen die Landwirte Grundwasser aus dem feuchten Talgrund herauf. Ihre weißen Flachdachhäuser stehen über das Tal verstreut, die Szenerie erinnert an Nordafrika. Das Heiligtum der Inselmadonna an der Hauptstraße zieht zahlreiche Pilger und Neugierige an. Zu den weiteren Attraktionen in dem kleinen Ort zählen zwei der wohl schönsten Restaurants der Insel.

 Sehenswert

Ermita Nuestra Señora de la Peña
| Kirche |

In der Wallfahrtskirche verehren die »Majoreros« ihre Inselheilige, die Felsjungfrau. Deren spätgotische Statue aus Alabaster soll Jean de Béthencourt zu Beginn des 15. Jh. aus der Normandie mitgebracht haben. Zunächst wurde sie in Betancuria aufbewahrt, doch 1593 retteten Gläubige sie vor dem Raub durch Piraten und versteckten sie im Barranco unterhalb von Vega de Río Palmas. Später verblieb sie dann im Ort, wo im 17./18. Jh. eigens die Kirche für sie errichtet wurde.

Das noch im Renaissancestil gehaltene Portal wird von zwiebelförmigen Zwillingssäulen eingerahmt, eine Dekorationsform, die oft auch im spanischen Kolonialbarock in Südamerika

ADAC *Mittendrin*

Das größte Fest Fuerteventuras und eine gute Gelegenheit, sich unter die Einheimischen zu mischen, ist das Fest zu Ehren der Inselheiligen, die **Fiesta Nuestra Señora de la Peña**. Am Freitag strömen Pilger aus allen Winkeln der Insel herbei, etwa um damit ein Gelübde zu erfüllen oder die Madonna um Hilfe in einer Lebenskrise zu bitten. Die eigentlichen religiösen Feierlichkeiten mit Messe und Prozession finden am Samstag statt. Danach wird tagelang auf weltliche Weise weitergefeiert, mit Musik, Tanz, leiblichen Genüssen und Feuerwerk. *Vega de Río Palmas, www.ayto betancuria.org, drittes Septemberwochenende*

Im Blickpunkt

Fruchtbare Palmenoase

Zu den idyllischsten Flecken der Insel zählt der Barranco de Las Peñitas unterhalb von Vega de Río Palmas. In dem feuchten Talgrund gedeiht die Kanarische Dattelpalme, die zwar keine essbaren Früchte hervorbringt, aber durch ihren majestätischen Wuchs gefällt. Ab der Casa de la Naturaleza (S. 90) bietet sich ein Spaziergang (hin und zurück 45 Min.) auf dem ersten Abschnitt des ausgeschilderten Wanderwegs SL FV 27 zum ehemaligen Stausee Presa de Las Peñitas an. In den 1940er-Jahren angelegt, wurde er durch salzhaltiges Quellwasser rasch unbrauchbar und verlandete. Heute ist er großenteils von Tamarisken überwuchert. Zahlreiche Vogelarten fühlen sich in dem dichten Gebüsch wohl, etwa Kanarenblaumeise, Blässhuhn und Teichhuhn, aber auch der Schmutzgeier.

anzutreffen ist. Den Hauptaltar von 1769 schmücken Gemälde, auf denen die Taufe Jesu, die Heiligen Petrus und Paulus, die Jungfrau der Apokalypse und Josefs Traum dargestellt sind. Im Mudéjar-Stil, den die nach der Reconquista in Spanien verbliebenen Mauren pflegten, ist das Schnitzwerk der Holzdecke gehalten, besonders im Chor ist sie reich mit floralen Motiven geschmückt.

■ Calle Pedro Peña, Di–So 11–13, 17–19 Uhr, Messe So 12 Uhr

 Restaurants

(18) **€€ | Casa de la Naturaleza** Der auf Fuerteventura ansässige Fotograf Reiner Loos gestaltete nicht nur das Restaurant Don Antonio (s. u.) und die Casa Santa María in Betancuria (S. 87), sondern als neuestes Projekt auch dieses idyllische, in einen subtropischen Garten eingebettete Terrassenlokal am unteren Ortsrand von Vega de Río Palmas. Auf den Tisch des Hauses kommen typische Gerichte von der Insel, vorwiegend in Form von Tapas, sowie köstlicher Kuchen. Eine Bild- und Tonschau zum Naturpark Betancuria in einem Nebengebäude vervollständigt das Angebot. ■ Camino San Juan Torcaz, Tel. 928 65 41 38, www. casanaturaleza.net, Bild- und Tonschau 3 €, Di–So 10–17 Uhr

€€ | Don Antonio Das Lokal in einem liebevoll renovierten Dorfhaus aus dem 17. Jh. neben der Kirche ist ein kleines Juwel. Die Küche serviert deftige kanarische Gerichte, jedoch im gehobenen Stil. Man sitzt und genießt im lauschigen Patio oder im rustikalen Speiseraum. ■ Plaza de la Peña, Tel. 928 87 87 57, www.restaurantedon antonio.net, Di–So 11–17 Uhr

In der Umgebung

Degollada de Los Granadillos
| Pass |

Der höchste Punkt der eindrucksvollen Passstraße, die Vega de Río Palmas mit Pájara verbindet, lädt mit einem großen Parkplatz zu einem Halt ein. Weit schweift der Blick über die kargen, in allen Ockertönen schimmernden Berge und in die Ferne zum Atlantik. Seit September 2014 erinnert dort ein vom Bildhauer Juan Miguel Cubas gestalteter Monolith an alle auf der Insel verunglückten Motorradfahrer und ermahnt zu einer vorsichtigen und verantwortungsvollen Fahrweise.

■ FV-30, Km 25

29 Pájara

Historische Kleinstadt, aztekische Reliefs an der Kirche, noble alte Häuser

Früher waren hier einige Großgrundbesitzer ansässig, wie so manches für Inselverhältnisse aufwändig gestaltete Haus im Ort bezeugt. Auch heute herrscht in Pájara (1100 Einw.) wieder Wohlstand, denn die Stadt ist Verwaltungssitz einer Gemeinde, zu der die Ferienzentren der Halbinsel Jandía mit ihrem hohen Steueraufkommen zählen. So wirkt alles ziemlich herausgeputzt. Richtig etwas los ist nur rund um den Kirchplatz, wo auch das Rathaus steht. Gegenüber auf der Terrasse des Lokals La Fonda (S. 92) sitzen am frühen Vormittag, bevor die ersten Tagestouristen eintreffen, die Einheimischen, gönnen sich einen Kaffee, halten einen kleinen Plausch und lauschen den unzähligen Spatzen, die in den hohen Lorbeerbäumen auf der Plaza tschirpen.

Sehenswert

Iglesia Nuestra Señora de Regla
| Kirche |

> **8** *Indianisch anmutende Steinmetzarbeiten an der Fassade*

Nachdem die Pfarrgemeinde kräftig gewachsen war, musste die ursprüngliche Kirche zu Beginn des 18. Jh. dem heutigen Bau weichen. Das größere der beiden Kirchenschiffe konnte 1711 eingeweiht werden, ein zweites, etwas kleinere rechts daneben folgte 1731. Das Hauptschiff erhielt ein sonderbar anmutendes Portal, das die Kunsthistoriker lange beschäftigte. Seine in Stein gehauenen Ornamente erinnern an Vorbilder aus der Aztekenkunst. Im Relieffries über dem Rundbogentor sind Raubkatzen und Schlangen, drei federgeschmückte Häupter und ein Sonnenmuster zu erkennen. Ursprünglich glaubte man daher, das Portal sei in Mexiko entstanden. Wie sich herausstellte, stammt das Gestein jedoch aus dem nahe gelegenen Ajuy. Schließlich entdeckte man in der Schrift »Iconologia« (1593) des italienischen Gelehrten Cesare Ripa, einer Anleitung für die Künstler der Barockzeit, den Vorschlag, Bilder durch indianische Motive zu »verrätseln«. Wer das Portal in Auftrag gegeben hat, ist unbekannt. Innen thront eine Statue der Virgen de Regla (17. Jh.), die speziell in Kuba verehrt wird, im Hauptaltar. Wahrscheinlich wurde die Figur auch dort angefertigt und von zurückgekehrten kanarischen Emigranten mit in die Heimat gebracht. Beeindruckend sind auch der Barockaltar und die Holzdecke im Mudéjar-Stil.

■ Plaza Nuestra Señora de Regla, tgl. 11–13, 17–19 Uhr, Messe Mi und So 19.30 (Sommer 20) Uhr

Noria
| Schöpfradbrunnen |

Vor dem modernen Rathaus steht ein restauriertes altes Wasserhebewerk. Derlei Konstruktionen sollen in Spanien auf die Mauren zurückgehen, die das Land im Mittelalter jahrhundertelang beherrschten. Mit den ersten europäischen Siedlern kamen sie auch auf die Kanaren. Ein Esel oder Kamel musste mit verbundenen Augen im Kreis gehen, um das Schöpfrad in Bewegung zu setzen. So konnte das Grundwasser aus mehreren Metern Tiefe ans Tageslicht und auf die Felder gebracht werden.
■ Plaza Nuestra Señora de Regla

Parken

Die wenigen Parklücken im unmittelbaren Zentrum bei der **Iglesia Nuestra Señora de Regla** sind rar und kostenpflichtig (blaue Zone, Parkautomat, maximal 30 Min. erlaubt). Besser fährt man gleich auf der FV-30 zum Ortsausgang Richtung Betancuria, wo sich ein großer, **gebührenfreier Parkplatz** befindet (5 Min. Fußweg zum Zentrum).

Gefällt Ihnen das?

Wer die »Aztekenkunst« an der Kirche von Pájara mag, schaut vielleicht auch in La Oliva vorbei, wo die **Casa del Capellán** (S. 43) ähnliche Steinmetzverzierungen erhielt. Ebenfalls von lateinamerikanischer Kunst inspiriert entstanden die Tier- und Pflanzenmotive am Altar der **Pfarrkirche in Tetir** (S. 48). Reiche Holzschnitzkunst modernen Ursprungs zeigt hingegen das Portal der **Ermita de Santa Inés** (S. 80).

Restaurants

€ | La Fonda Mittags kehren in dem rustikalen Lokal bei der Kirche die Mitarbeiter des gegenüberliegenden Rathauses ein. Auf der Terrasse vor dem Haus sitzt es sich nett mit Blick auf das Geschehen. ■ Calle Mazacote 23, Tel. 928 16 14 71, Di–Sa 11–22 Uhr

€€ | Casa Isaítas Das alte Stadthaus bietet einen großzügigen Innenhof und einen rustikalen Speiseraum. Die Küche setzt auf bewährte kanarische Rezepte, wobei Wert auf die Verwendung einheimischer, nach Möglichkeit ökologisch erzeugter Zutaten gelegt wird. Tapas, Suppen, Ziegenfleisch. ■ Calle Guize 7, Tel. 928 16 14 02, www.casaisaitas.com, tgl. 11–16 Uhr

30 Ajuy

Typisches Fischerdorf, alter Kalkausfuhrhafen, Grotten in der Steilküste

Mit seinen eckigen Straßenzügen und den würfelförmigen Flachdachbauten wirkt Ajuy eher unscheinbar. Aber gerade das macht die unverfälschte kanarische Atmosphäre aus. Am Wochenende und in den Ferienzeiten beleben sich die Häuser, die hier und da durch bunte Wandfarbe aufgepeppt wurden. Bei ruhiger See fahren die Männer in kleinen, offenen Booten zum Fischen hinaus. Anschließend ziehen sie ihre kleinen, offenen Boote an die dunkelsandige Playa de los Muertos (Strand der Toten). Der gruselige Name erinnert an die Piratenüberfälle früherer Zeiten. Im Sommer ist der Strand bewacht (Beflaggung beachten!). Die Touristen, die als Tagesbesucher herkommen, interessieren sich vor allem für einen Spazier-

Von der Brandung ausgewaschen: die bizarren Felsen der Caleta Negra

gang zu den Sehenswürdigkeiten der angrenzenden Steilküste, bevor sie anschließend in einem von mehreren Lokalen im Ort einkehren.

👁 Sehenswert

Cuevas de Ajuy
| Höhlen |

 Zwei geheimnisvolle Grotten in der Felsküste

Vom Nordrand der Playa de los Muertos führt ein viel begangener Fußweg zunächst zum Mirador de Ajuy. Der auf mehreren Terrassen angelegte Aussichtspunkt ermöglicht es, von oben und von unten in zwei alte Kalkbrennöfen zu schauen. Der Kalkstein von Ajuy, der als helles Band an der Steilküste austritt, wurde früher wegen seiner Reinheit auf den anderen Kanareninseln gern zum Anstreichen der Häuser verwendet. Er besteht aus den Schalen von Muscheln und Meeresschnecken, die einst am Strand abgelagert und später tektonisch gehoben wurden. Nach dem Brennen wurde der Kalk vom Puerto de la Peña, einer inzwischen von der Brandung zerstörten Kaianlage unterhalb des Miradors, verschifft. Weiter führt der Weg zur Caleta Negra, der »schwarzen Bucht«, in der die Kalkschicht sich allmählich im dunklen Vulkangestein verliert. Dort steigt man steile Stufen zu den Cuevas de Ajuy hinab, zwei Höhlen in der Brandungszone, in denen früher Waren gelagert wurden. In der vorderen Höhle tummeln sich zahlreiche Felstauben. Über groben Gesteinsschutt kann man wenige Meter hineinklettern, bis zu einem »Fenster«, das sich direkt zum Atlantik öffnet. Auch in der zweiten Höhle, die breit

ADAC *Mittendrin*

> Von Touristen weniger besucht,
> da abseits vom Strand gelegen,
> ist das familiär geführte Restaurant **Puerto La Peña**, das die Einheimischen auch unter dem Namen Casa Pepín kennen. Hier kehren viele Inselbewohner ein und lassen sich die Hausmannskost schmecken. Das Lokal mit der schmalen Straßenterrasse und dem rustikalen Speisesaal ist seit vielen Jahren eine bekannte und geschätzte Adresse für Fischgerichte und Meeresfrüchte.
> *€€ | Calle Puerto Azul 4, Tel. 928 16 14 68, tgl. 10–20 Uhr*

und mit Sandboden beginnt, ist die Erkundungstour im darauf folgenden kurzen Stollen schnell zu Ende.

■ 500 m nördl. der Playa de los Muertos, frei zugänglich

 Parken

Der Erdparkplatz hinter dem Strand füllt sich am Vormittag schnell. Wer später eintrifft, parkt am besten auf dem großen Parkplatz an der Ortseinfahrt (5 Min. Fußweg zum Meer). Beide Plätze sind gebührenfrei.

 Restaurants

€ | **Jaula de Oro** Direkt am Strand gelegenes, einfaches Lokal mit stets gut besuchter Sonnenterrasse. Es gibt ein wechselndes Angebot an Tapas und Fischgerichten. ■ Avenida de los Barqueros, Tel. 928 16 15 94, tgl. 9.45–18 Uhr

€€ | **Cuevas de Ajuy** Beliebtes Ausflugsrestaurant mit Strandblick, am Wochenende viele einheimische Gäste. Der Schwerpunkt liegt wie überall im Ort auf Fisch. ■ Calle Gallegada 10, Tel. 928 16 17 20, tgl. 9–17 Uhr

 Cafés

Puesta de Sol Hoch über dem Strand liegt das nette Lokal, in dem es nicht nur Kaffee, sondern auch eine gute Teeauswahl und überdies kleine Kunstausstellungen gibt. Schöner Ausblick, speziell wenn abends die Sonne im Meer versinkt. ■ Calle Marinero 15, Mo–Fr 9–13, 16–20, Sa 9–13 Uhr

 Einkaufen

Trece Peces Ambitionierter Souvenirladen, der Besonderheiten wie Olivenöl von Fuerteventura oder Bananenwein von Teneriffa bereithält. Mit kleinem Fischermuseum im Patio. ■ Calle Marinero 13, Mo–Fr 10.30–18.30, Sa 10.30–16 Uhr

 In der Umgebung

Barranco de la Madre del Agua
| Palmental |
Dieser idyllische Fleck ist zu Fuß über eine 400 m lange Piste zu erreichen, die an der FV-621 zwischen Km 1 und Km 2 beginnt und talaufwärts führt. Dann geht es links zur Mündung einer Seitenschlucht, wo ein Palmenhain mit Schilfdickicht gedeiht. Aus einem Quelltopf, der Madre del Agua, sickert Wasser, das den üppigen Bewuchs ermöglicht. Früher wurde es von den Landwirten in Kanäle und Sammelbecken geleitet, deren Reste noch zu erkennen sind. Auch Frösche und zahlreiche Singvögel fühlen sich in der Oase wohl.

■ 3 km östl. von Ajuy, nahe FV-621

31 El Cardón

Abgelegenes Dorf mit Tomatenanbau und einem interessanten Hausberg

Der winzige Ort selbst ist unspektakulär. Seine rund 150 Bewohner leben vom Tomatenanbau und der Ziegen- und Schafhaltung. Unmittelbar westlich der Siedlung erhebt sich die unter Naturschutz gestellte Montaña Cardón (690 m), ein mächtiger Felsblock mit steilen Flanken, der den Ureinwohnern als heilig galt. Sie verehrten dort den Riesen Mahan, einen heldenhaften Krieger, von dem die Legende bis heute behauptet, sein Grab befände sich in dem Berg.

 Kinder

Karting El Cardón Kinder können schon ab einem Alter von 5 Jahren loslegen. Für sie gibt es eine eigene, 500 m lange Rennstrecke. Die Eltern können das Geschehen von einem Café aus beobachten oder selbst in den Kart steigen. Die 1,5 km lange Strecke für Erwachsene zeichnet sich durch einen raschen Wechsel zwischen geraden Abschnitten, auf denen rasant gefahren werden kann, und engen Kurven aus. Erwachsene 10 Min. 12 €, Kinder und Jugendliche 8 €. ■ FV-618, ca. 2 km südl. von El Cardón, Finca El Matorral, Tel. 620 50 43 99, www.karting fuerteventura.com, tgl. 11–21 Uhr

 Wandern

Ziel dieser schönen Wanderung (mittelschwer, mit Rückweg 2 Std.) ist die **Pilgerkapelle Ermita Virgen de El Tanquito**. Der gut ausgebaute, ausgeschilderte Pilgerweg beginnt bei einem Erdparkplatz an der FV-618,

Winzig wie das gesamte Dorf El Cardón ist auch sein strahlend weißes Kirchlein

![Den »Inselherren«, den Ziegen, wurde am Mirador Astronómico ein Denkmal gesetzt]

Den »Inselherren«, den Ziegen, wurde am Mirador Astronómico ein Denkmal gesetzt

etwa 2 km nördl. von El Cardón. Hier, an der Montaña Cardón, soll zu Beginn des 20. Jh. bei Grabungsarbeiten für einen Wasserstollen eine Marienfigur gefunden worden sein. Ihr zu Ehren wurde daraufhin in 497 m Höhe an einer Gesteinswand unterhalb des Gipfels die kleine Kapelle errichtet.

ADAC *Wussten Sie schon?*

Wer an abgeschiedenen Orten Fuerteventuras in den Sternenhimmel blickt, ist überwältigt von so viel Schönheit und Klarheit. Zu verdanken sind diese Verhältnisse der geringen Licht- und Luftverschmutzung. Damit dies so bleibt, wurde die gesamte Insel wegen ihres makellosen Nachthimmels von der UNESCO 2015 zum **Sternenlicht-Reservat** erklärt.

 In der Umgebung

Mirador Astronómico de Sicasumbre

| Aussichtspunkt |

Vom Parkplatz an der Bergstraße führt ein Lehrpfad in 5 bis 10 Min. zum Mirador hinauf, der Interessierte zur Sternenbeobachtung einlädt. Unterwegs wird manches Wissenswerte zum Himmel über Fuerteventura vermittelt, der wegen der geringen »Lichtverschmutzung« auf der dünn besiedelten Insel als besonders sternenklar gilt. Oben auf der Plattform befindet sich ein Fernrohr, mit dem man nicht nur nachts den Blick nach oben richten, sondern auch tagsüber die grandiose Aussicht auf die umliegenden Berge und nach Süden zur Halbinsel Jandía genießen kann.

■ FV-605 Pájara-La Pared, Km 12

Übernachten

In Fuerteventuras Bergland sind die Übernachtungsmöglichkeiten eher dünn gesät. Eine ruhige Ferienanlage liegt oberhalb der Westküste bei Valle de Santa Inés. Sie ist nur über eine Straße zu erreichen, die dort endet. Ansonsten bieten sich zwei renovierte Stadthäuser in Betancuria und Pájara mit je vier Zimmern als gemütliche, individuelle Unterkünfte an.

Valle de Santa Inés 80

€ | **Aguas Verdes** Die unter deutscher Leitung befindliche Anlage liegt äußerst abgeschieden in Strandnähe. Sie bietet gemütlich im skandinavischen Stil eingerichtete Ferienwohnungen für Selbstversorger, in denen bis zu vier Personen unterkommen können. Es sind je zwei Schlafzimmer mit jeweils zwei Betten vorhanden. Die Wohnungen verfügen über Balkon oder Terrasse. Bei einigen ist der Balkon verglast, so dass ein zusätzlicher Raum entsteht. Rundherum liegt ein weitläufiger Garten mit Pools, Tennisplätzen und Squashcourts, die von den Gästen gratis genutzt werden können. Es gibt keinen Handy-Empfang: kurzum, eine Oase der Ruhe für Menschen, die im Urlaub gut auf Stress verzichten können. ■ Playa de Santa Inés, Urb. Aguas Verdes, Tel. 928 87 83 50, www.aguas-verdes.info

Betancuria 82

€ | **Casa Princess Arminda** Das rund 600 Jahre alte Stadthaus im Zentrum von Betancuria wurde liebevoll restauriert. Vier rustikal ausgestattete Zimmer mit alten Steinböden und typischen Elementen im kanarischen Stil stehen zur Vermietung. In den verwinkelten, üppig mit Blumen geschmückten Innenhöfen finden sich lauschige Sitzplätze. Besonders schön ist der Patio auf dem Dach, von dem man über den Ort blickt. Wenn abends die letzten Tagesbesucher abgereist sind, kehrt wohltuende Ruhe ein. Mit eigenem Restaurant (S. 86). Wander- und Radwege in der Umgebung. Weitere Infos sowie Fotos hat die Casa bei Facebook eingestellt. Zu buchen über verschiedene Anbieter im Internet. ■ Calle Juan de Bethencourt 2, Tel. 928 87 89 79

Pájara 91

€€ | **Casa Isaítas** Am ruhigen Ortsrand und doch recht zentral gelegen ist dieses Gästehaus in einem ehemals herrschaftlichen Gutsgebäude untergebracht, das sorgfältig und geschmackvoll renoviert wurde. Die vier Zimmer sind unterschiedlich und in schlichtem, bäuerlichem Stil eingerichtet. Teils sind sie mit zwei getrennten Betten, teils mit einem breiten Doppelbett ausgestattet. Ein hübscher Patio lädt zum Verweilen ein. Mit empfehlenswertem Restaurant (traditionelle Küche) im Haus (S. 92). ■ Calle Guize 7, Tel. 928 16 14 02, www.casaisaitas.com

Die Halbinsel Jandía im Süden

Zwischen grandiosen Sandstränden und einem steilen Bergrücken liegen Fuerteventuras wichtigste Ferienzentren

sich wegen der starken Brandung nicht zum Baden, wohl aber für ausgedehnte Spaziergänge.

In diesem Kapitel:

32 La Pared 100
33 Costa Calma 100
34 Risco El Paso 104
35 Esquinzo 105
36 Morro Jable 106
37 El Puertito de la Cruz 115
38 Cofete 116
Übernachten 119

ADAC Top Tipps:

9 Risco El Paso
| Küstenlandschaft |
Zwei riesige Dünen prägen diesen Küstenabschnitt. Vorgelagert sind Salzwiesen und eine Lagune, auf der Drachensurfer ihre Bahnen ziehen. Der zugehörige Strand ist ein Rückzugsgebiet für Sonnenanbeter. 104

10 Playa de Cofete
| Strand |
Zum Baden ist die Nordküste der Halbinsel Jandía wegen der starken Brandung ziemlich ungeeignet. Stattdessen bieten sich kilometerlange Spaziergänge entlang des völlig naturbelassenen, häufig windumtosten Strandes an. 117

Die meisten Inselurlauber zieht es auf die langgestreckte Halbinsel Jandía, die zu beiden Seiten von schier endlos langen, goldgelben Stränden und dazwischen einem kargen Gebirge geprägt ist. An den geschützteren Playas der Südseite liegen der familien- und surferfreundliche Ferienort Costa Blanca, die vorwiegend aus sportorientierten Clubanlagen bestehende Feriensiedlung Esquinzo und der alte Fischerort Morro Jable mit der großen Hotelzone Jandía Playa. Dazwischen erstrecken sich zwei völlig naturbelassene Bereiche: die Lagunenlandschaft der Playa Barca und die zwei Riesendünen von Risco El Paso. Bis auf zwei winzige Fischersiedlungen ganz einsam und nur über Pisten zu erreichen sind Westen und Norden Jandías. Die dortigen Strände eignen

ADAC Empfehlungen:

 Marabú, Esquinzo
| Restaurant |
Seit vielen Jahren hält dieses beliebte Gartenlokal ein erstaunliches
kulinarisches Niveau. 105

 Café Plan B, La Pared
| Café |
Auf der Terrasse des winzigen
In-Lokals treffen sich Surfer und
Individualreisende. 100

 Cofradía de Morro Jable
| Restaurant |
Vom Boot direkt in die Küche wan-
dert der frische Fang in dem von der
örtlichen Fischereigenossenschaft
betriebenen Lokal. 112

 Istmo de La Pared
| Landschaft |
Als Wüstenstreifen erstreckt sich
die flache, von Flugsand bedeckte
Landenge am Beginn der Halb-
insel Jandía. 104

 **R2 Maryvent Beach,
La Pared**
| Hotel |
Individuellen Aufenthalt verspricht
diese Anlage am Strand. 119

 **Sentido Buganvilla,
Morro Jable**
| Hotel |
Frisch renoviert präsentiert sich das
seit Jahren bewährte Urlauberhotel
der gehobenen Mittelklasse. 120

32 La Pared

*Ruhige Feriensiedlung mit einem
Strand, der bei Wellenreitern beliebt ist*

Eine breite Palmenallee führt in den erst wenige Jahrzehnte alten, beschaulichen Villenort. Der oft kräftige Wellengang lockt Bodysurfer an die Strände von La Pared. Die hellsandige, naturbelassene Playa del Viejo Rey ist vom Parkplatz am Westrand des Ortes über einen staubigen Weg nach 500 m erreicht. Weiter nördlich beim Restaurant Bahía La Pared (s. u.) befindet sich die kleinere Sandbucht Playa de La Pared. Hier wie dort ist beim Baden Vorsicht geboten. Am ruhigsten ist das Meer bei Passatwind aus Nordosten. Es gibt nur ein Hotel in La Pared, außerdem eine Golfakademie.

Restaurants

€€ | **Bahía La Pared** Am Wochenende finden sich hier gerne Familien zum Speisen ein. Fangfrischer Fisch, dazu großartiger Meerblick, speziell am Abend, wenn die Sonne wie ein glühender Ball im Meer versinkt. Für Kinder gibt es einen Spielplatz und einen Pool. ■ Playas de La Pared, Tel. 928 54 90 30, tgl. 12–22 Uhr

Cafés

20 **Café Bar Plan B** Hier treffen sich alle, die in La Pared vorbeischauen. Das Lokal mit der kleinen, windgeschützten Terrasse ist für guten Kaffee und selbst gebackenen Kuchen bekannt. Abends perfekt für einen gepflegten Drink. ■ Avenida del Istmo 8, Tel. 928 54 91 00, Mo 10.30–20, Di–So 10.30–23 Uhr

Kinder

Rancho Barranco de los Caballos Deutschsprachiger Reitbetrieb mit andalusischen Pferden. Für Kinder wird ein spezielles Rundreiten an der Longe angeboten (10 Min., 10 €). ■ Puerto Nuevo, FV-605 Richtung Pájara Km 20, Tel. 928 17 41 51, www.reiten-fuerte.de

Erlebnisse

Sáhara-Sports Frank Müncheberg bietet Offroad-Touren mit Yamaha-Motorrädern sowohl für ungeübte als auch für versierte Geländefahrer an. Etwa die Endurowanderung für Einsteiger (4 Std. ab 139 €). ■ Calle Tres Piedras 18, Tel. 669 79 71 62, www.enduroguro.com

Sport

Waveguru Wellenreiterbasis mit Surfcamp und Schulung. Innerhalb von drei Tagen erlernt man hier das Bodysurfen an den je nach Wetterlage besten Spots (139 €, ab 7 Jahre). Täglicher Kursbeginn, ganzjährig. ■ Avenida del Istmo 17, Tel. 619 80 44 47, www.waveguru.de

33 Costa Calma

*Einer der größeren Ferienorte mit
breitem Strand, familienfreundlich*

Einen alten Ortskern wird man hier nicht finden. Costa Calma ist eine reine Urlaubersiedlung. Hinter der breiten, von Dünen gesäumten Playa de Costa Calma und der etwas kleineren Playa Cañada del Río erstrecken sich Hotel- und Clubanlagen. Dann folgt ein parkartiger Grüngürtel aus Palmen, der seine Existenz der Bewässerung mit dem geklärten Abwasser der Siedlung verdankt. Ihn durchziehen Wege für Spaziergänger, Walker und Jogger sowie die mäßig befahrene zentrale Straße. Jenseits des Grüngürtels erstrecken sich weitere Bungalowanlagen, deren Bewohner einen etwas weiteren Weg zum Strand in Kauf nehmen müssen. Das gesellige Leben spielt sich vor allem in mehreren über den Ort verteilten, kleinen Einkaufszentren ab. Sie beherbergen außer Geschäften auch hübsche Cafés, Restaurants und Kneipen. Abends werden die Bürgersteige früh hochgeklappt.

 Sehenswert

Playa Barca
| Lagunenstrand |
Vom südlichen Ortsrand läuft man am Strand entlang rund 1 km bis zu einer langgestreckten Lagune mit der vorgelagerten Playa Barca. Die dortige Bebauung besteht lediglich aus einem Hotel und einer Surfstation. Wer hier sein Badelaken ausbreitet oder sich in eine der windgeschützten Strandburgen zurückzieht, sieht Wind- und Kitesurfer vorbeiflitzen. Anfänger üben im glatten Wasser der Lagune, Profis wagen sich aufs offene Meer hinaus.

 Verkehrsmittel

Bus: Verbindungen nach Morro Jable und Puerto del Rosario halbstdl. bis stdl. (Linie 1), 2–4 x tgl. (Linie 10), nach Morro Jable außerdem stdl. (Linie 5). Busbahnhof (Estación de Guaguas) am nördlichen Ortsrand in der Calle Playa de la Jaqueta (10–15 Min. Fußweg von den Hotels im östlichen Ortsteil Cañada del Río). Weitere Haltestelle am

Ein schöner Fleck zum süßen Nichtstun: Costa Calma auf der Halbinsel Jandía

Kreisverkehr an der Ortsausfahrt Richtung Morro Jable (ca. 10 Min. Fußweg von den Hotels im westlichen Ortsteil Bahía Calma).

ADAC *Spartipp*

Benzin ist auf den Kanaren dank Steuerfreiheit etwa 0,30–0,40 €/l **preisgünstiger** zu haben als in Deutschland oder Österreich. Allerdings sollte man, sofern im Mietwagenvertrag die meist übliche Voll-Voll-Regelung festgehalten ist, den Wagen auch auf jeden Fall vollgetankt abgeben. Andernfalls stellen die Vermieter einen erhöhten Benzinpreis in Rechnung.

P Parken

In dem weitläufigen Ort ist Parken normalerweise unproblematisch. Viele gebührenfreie Lücken gibt es z.B. entlang der Calle L.T.U. oder der Calle Barranco de las Damas, die beide zum Strand führen. Soweit die Hotels über Gästeparkplätze verfügen, sind diese in der Regel kostenlos.

Restaurants

€€ | Posada San Borondón Hierher kommt man wegen der Stimmung. Fast jeden Abend gibt es Livemusik. Zum Bier schmecken deftige, insel-typische Hauptgerichte oder Tapas. ◾ Calle L.T.U., Centro Comercial Sotavento, Tel. 928 54 71 00, Mo–Sa 10–1.30 Uhr

€€ | Tasca Dos Jotas Das nette Lokal firmiert zugleich als Weinkeller. Riesige Schinken hängen von der Decke. Aufgetischt wird authentische spanische Küche, in der Fleisch und Stockfisch die Hauptrollen spielen. ◾ Centro Comercial El Palmeral, Tel. 928 87 51 06, Di–So 13–22.30 Uhr

€€ | Terraza del Gato Hier wird wirklich kanarisch gekocht, mit frischen lokalen Zutaten. Gegrillter Fisch, Fleischgerichte, gute Weinauswahl, großzügig gestaltete Terrasse. ◾ Calle Sicasumbre 2, Tel. 677 41 42 79, tgl. 12–22 Uhr

Wenn Surfer mal nicht gerade Wellen reiten, dann relaxen sie im Bistro Fuerte Action

Cafés

Café Berlin Bekannte Konditorei mit deutschem Kuchen und deutschem Brot, alles frisch hergestellt. Dazu eine einladende, gemütlich möblierte Aussichtsterrasse. ■ Calle Sicasumbre 24, Tel. 928 87 53 69, Mo, Di und Do–Sa 7–18 Uhr

 Einkaufen

Mercadillo de Costa Calma Bunter Souvenirmarkt. Unter jeder Menge Modeschmuck, Ledertaschen, afrikanischen Holzschnitzereien und dergleichen lässt sich bestimmt das eine oder andere nette Teil entdecken. Handeln ist angesagt! ■ Avenida Hapag Lloyd, Mi und So 9–14 Uhr

 Kneipen, Bars und Clubs

B-Side Café Fast jeden Abend Livemusik, anschließend wird oft zu DJ-Musik getanzt bis zum frühen Morgen. Wer mag, kann vorher einen Happen essen (italienische Küche) oder einen Sundowner mit Meerblick nehmen. ■ Calle Punta del Viento, Tel. 928 87 64 67, Mo–Sa 12.30–2 Uhr

Fuerte Action Die kultige Bar bietet Bistro-Küche, Kaffee, Eis, Après-Surf-Drinks und nebenan einen gut sortierten Shop für Surfmode. Nicht nur bei Surfern von morgens bis abends beliebt. ■ Centro Comercial El Palmeral, Tel. 928 87 51 26, www.rene-egli.com/de/apres-surf/fuerte-action-bar, tgl. ca. 8.30–23 Uhr

 Erlebnisse

Xtreme Car Rental Geführte Touren im Buggy oder Quad durch die karge Landschaft ringsum versprechen Fahrspaß. Die Premium Buggy Tour dauert 3,5 Std. und führt auf 60 km vorwiegend über Pisten. Oder man gönnt sich eine Fahrt im Trike durch das Bergland. ■ Calle L.T.U. 3, Tel. 928 87 56 30, www.xtreme-car-rental.com, Buggy: pro Fahrzeug 129 € für 1–2 Pers.; Trike: 6 Std., 170 € für bis zu 3 Pers.

Sport

Acuarios Jandía In der familiären, deutschsprachigen Basis wird in kleinen Gruppen getaucht, von Land oder vom Boot aus. Schnuppertauchen (77 €), Ausbildung, Bubblemaker

Wanderdünen von Istmo de La Pared: ein Refugium für Flora und Fauna

Halbinsel Jandía fühlt man sich in die Sahara versetzt. So weit das Auge blickt, dehnen sich wellige Flugsandfelder aus, die vom Wind ständig in Bewegung gehalten werden. Nach winterlichen Regenfällen sprießt eine blütenreiche, winzig kleine Flora in dieser Wüste. Von Costa Calma führt ein Fußweg quer durch den Isthmus bis zur Nordküste. Man verlässt Costa Calma auf der Calle Playa de la Jaqueta, hält sich vor der Autobahn rechts, geht durch eine Unterführung und auf der anderen Seite wieder links. In der Verlängerung der Calle Playa de la Jaqueta läuft man dann nordwärts bis zu der kleinen Bucht von Agua Liques, wo man der Brandung zuschauen und sich an den putzigen Erdhörnchen erfreuen kann, die hier in großer Zahl leben (mit Rückweg 3 Std., einfach).

für Kinder ab 8 Jahre, Schnorchelausflüge. ■ Sotavento Beach Club, Tel. 928 87 60 69, www.acuarios-jandia.de, Schnuppertauchen 77 €

René Egli Größte Wind- und Kitesurfstation der Welt, die der Schweizer René Egli seit 1984 aufgebaut hat. Schulung in Kleingruppen oder Privatunterricht. ■ Playa Barca, Tel. 928 54 74 83, www.rene-egli.com, Schnupperkurs 2,5 Std. inkl. Material ab 65 €

 In der Umgebung

Istmo de La Pared
| Landschaft |

 Stürmische Landenge, von Flugsand bedeckt, karge Vegetation

An der Nahtstelle zwischen dem Hauptteil Fuerteventuras und der

34 Risco El Paso

 Zwei Riesendünen locken am Strand

Der Küstenabschnitt bei der winzigen Ferienhaussiedlung Risco El Paso darf nicht weiter bebaut werden. Zwei gewaltige Dünen beherrschen die Szenerie. Beim Erklimmen der Sandberge setzt man zwei Schritte vor und einen zurück. Am Strand machen es sich Individualisten gemütlich, um in Ruhe dem bunten Treiben der Wind- und Kitesurfer zuzuschauen. Nebenan erstreckt sich eine Salzwiese mit eigentümlicher Flora.

 Sport

Ion Club Gut ausgerüstete Station für Wind- und Kitesurfing, Shuttleservice von den Hotelzonen der Halbinsel

Jandía. ■ Risco El Paso, Tel. 667 79 66 88, www.ionclubfuerte.com

35 Esquinzo

Retortensiedlung mit schönem Strand und ausgedehnten Ferienanlagen

Das große Plus dieses reinen Urlauberorts (ausgeschildert als Butihondo) ist der lange, goldgelbe, von Klippen gesäumte Sandstrand. Dort genießt man selbst im Winter den warmen Sand oder gönnt sich einen kühlen Drink in einer Beach Bar. Erst oberhalb der Felswand erstrecken sich auf einer schräg ansteigenden Fläche die riesigen, in Flachbauweise gehaltenen Ferienanlagen. Jede davon ist eine Welt für sich mit Poollandschaften, Palmengärten, Sport- und Wellnesseinrichtungen, Gastronomie und Ladenzeilen. Außerhalb der Hotels und Clubs existiert kaum eine touristische Infrastruktur, am ehesten noch im nördlichen Ortsteil, wo auch ein paar kleinere Apartmentanlagen und private Ferienhäuser stehen.

Verkehrsmittel

Bus: Linie 5, die ca. zwischen 8 und 15 Uhr stündlich zwischen Morro Jable und Costa Calma pendelt, hält am riesigen Kreisverkehr mit dem Mercadona-Supermarkt in der Mitte. An Markttagen (Mo und Do) ist der Bus Richtung Morro Jable oft überfüllt, nicht immer wird man dann mitgenommen.

Restaurants

€€ | **Caretta Beach** Einer der schönsten Strandclubs auf Fuerteventura.

Hier schmecken in lockerer Atmosphäre Fisch und Meeresfrüchte. Alles wird auf kanarische Art zubereitet. Auch gut für einen Drink. Von Kaffeespezialitäten über Bier, Sangría und verschiedene Cocktails ist alles zu haben. Oft gibt es abends Livemusik. ■ Playa de Esquinzo, Tel. 609 09 99 57, Di–So 9.30–24 Uhr

 €€€ | **Marabú** Seit Jahren ein bewährtes, niveauvolles Gartenlokal. Die Küche verfeinert kanarische Rezepte und verwendet frische Inselprodukte. Auch alle Desserts werden von Hand gefertigt. Bemerkenswert die Weinauswahl, aber es ist nicht verpönt, ein kühles Bier zum Essen zu bestellen. ■ Calle Fuente de Hija 2, Tel. 928 54 40 98, www.e-marabu.com, Mo–Sa 13–23 Uhr

Kneipen, Bars und Clubs

Bar Safari Terrassenbar mit guten Cocktails und familiärer Atmosphäre, oft Livemusik. Hier finden sich vor allem deutsche und britische Urlauber ein. ■ Calle Jacomar, Tel. 928 54 40 30, www.barsafari.com, Mo–Sa 10–1, So 14–1 Uhr

Sport

Matchpoint Sports Der deutschsprachige Sportdienstleister betreut die Tennisplätze verschiedener Hotels in Esquinzo, Costa Calma und Morro Jable und bietet dort Kurse an. Auch die zugehörige Schwimmschule Sharky ist in mehreren Hotels vertreten. Außerdem Vermittlung von Golfunterricht, Mietfahrrädern und Radtouren. ■ Hotel Fuerteventura Princess, Calle Gran Canaria 13, Tel. 928 54 43 07, www.matchpoint-world.de

36 Morro Jable

Alter Fischerort mit Hotelviertel am langgezogenen Strand

Morro Jable, von der Natur großzügig mit langen goldenen Stränden ausgestattet

ℹ Information

■ Oficina de Turismo, Avenida del Saladar, Cosmo Shopping Center Local 161, Tel. 928 54 07 76
■ Parken: siehe S. 111

Der Fischerort existierte schon, bevor auf der Halbinsel Jandía die touristische Entwicklung einsetzte. Bis heute konnte er sich eine gewisse Authentizität bewahren, wenn auch der alte, zentral gelegene Hafen durch Sandaufschüttung in einen schmalen Strand verwandelt wurde, an dessen Promenade sich Restaurants und Cafés reihen. Landeinwärts schließen schmale Straßenzüge an, gesäumt von funktionalen, würfelförmigen Flachdachhäusern. In ihnen verbergen sich einfache Kneipen und Geschäfte für den täglichen Bedarf. Westlich von Morro Jable entstand ein neuer Hafen für Fischerboote, Jachten und Fährschiffe. Knapp 8000 Menschen leben ständig im Ort. Viele von ihnen sind im unmittelbar östlich angrenzenden Hotelviertel Jandía Playa beschäftigt, das sich über mehrere Kilometer hinweg hinter dem breiten Dünenstrand Playa del Matorral erstreckt. Dieser blieb großenteils unbebaut, nur wenige Hotels in seinem Westteil bieten unmittelbaren Strandzugang. Ansons-

Plan
S. 113

Ein erster Hafen wurde hier unter dem Namen Puerto de Muelas Anfang des 18. Jh. in einem Dokument erwähnt, das die Verschiffung einer Ladung Weizen nach Tarajalejo beschreibt. Zur eigentlichen Ortsgründung kam es aber erst Ende des 19. Jh., als sich ein gewisser Cirilo López Umpiérrez, Rückkehrer aus dem kubanischen Unabhängigkeitskrieg (1895–1898), an der Mündung des Barranco del Ciervo niederließ. Ein zweites Wohnhaus wurde 1919 errichtet. Rasch folgten nun weitere Siedler, vorwiegend Bauern, Hirten und Fischer aus Cofete, die den Norden der Halbinsel wegen fortschreitender Austrocknung verließen (S. 117). 1966 errichteten deutsche Investoren das erste Urlauberhotel in Morro Jable. In der Folgezeit kam es zu einer enormen touristischen Entwicklung auf der Halbinsel Jandía. Mit etwa 40 000 Gästebetten in Costa Calma, Esquinzo und Jandía Playa rangiert diese Region mit deutlichem Abstand vor Corralejo und Caleta de Fuste.

ten steht der Bereich hinter der Playa, den die Salzwiese Saladar de Jandía einnimmt, unter Naturschutz. Dahinter verläuft die Durchgangsstraße Avenida del Saladar, eine großzügige Allee mit breitem Fuß- und Radweg an der Meerseite, den auch Walker und Jogger gerne nutzen. An ihrer Landseite erheben sich weitere Hotels, Apartmentanlagen und mehrere Einkaufszentren mit Restaurants und Kneipen. Obwohl Jandía Playa zu den größten Feriensiedlungen der Insel zählt, gilt es als relativ ruhig. Ein Nachtleben findet außerhalb der Hotels kaum statt. Die Urlauber vertreiben sich die Zeit am Strand und beim Sport.

 Sehenswert

 Plaza Pescadores
| Platz |

Die Gemeinde Pájara, deren Gebiet die gesamte Halbinsel Jandía umfasst, möchte hinsichtlich der Förderung von Kunst und Kultur nicht hinter Puerto del Rosario zurückstehen. So wurde eine »Ruta de las Esculturas« (Skulpturenroute) ins Leben gerufen, zu der die Plastik »Homenaje a los pescadores« auf dem zentralen Platz von Morro Jable zählt. Rafael Gómez

González schuf die Gruppe aus drei Bronzefiguren 2007, wobei ihm drei Fischer aus dem Ort, die drei Generationen repräsentieren, Modell standen. Ein Kiosk auf dem Platz beherbergt die Bar Plaza, in der sich die Einheimischen gerne treffen.

❷ Puerto de Morro Jable
| Hafen |

Die Hafenanlage aus den 1980er-Jahren wirkt fast schon überdimensioniert für die Zahl der Fischerboote, Jachten und Ausflugsboote, die darin liegen. An der Außenmole legen die Autofähren von und nach Gran Canaria an. Ein Besuch lohnt auch dann, wenn man nicht in See stechen möchte. Hier findet das authentische Leben statt, es bieten sich jede Menge Fotomotive, und es winkt die Einkehr in einem urgemütlichen Restaurant (S. 111) oder in der umtriebigen Cafeteria des Hafenterminals.

❸ Tortugas Marinas
| Schildkrötenstation |

In Salzwasserwannen am Nordrand des Hafenbeckens schwimmen Meeresschildkröten. Es handelt sich um Tiere, die von Strandbesuchern und Fischern krank oder mit Verletzungen aufgefunden wurden und hier ge-

Gefällt Ihnen das?

Wenn Sie die eigenartige Flora des Saladar de Jandía anspricht, dann werden Sie auch am **Puerto de la Torre** bei Las Salinas del Carmen (S. 60) oder bei den **Dünen von Risco El Paso** (S. 104) fündig. Dort liegen etwas kleinere Salzwiesen an den feuchten Mündungen von Barrancos.

pflegt werden, bis sie wieder freigelassen werden können.

■ Puerto de Morro Jable, Mo–Fr 10–13 Uhr, Eintritt frei

❹ Saladar de Jandía
| Salzwiese |

Die größte Salzmarsch Fuerteventuras liegt hinter dem Dünenstrand Playa del Matorral. Seit 2001 steht das wertvolle Feuchtgebiet im Rahmen der internationalen Ramsar-Konvention unter Schutz. Nur bei Springtide, alle zwei Wochen, wird der Wiesenstreifen überflutet. Das nach der Verdunstung zurückbleibende Salz sorgt für extreme Standortverhältnisse, mit denen nur eine hoch spezialisierte Flora zurechtkommt. Häufige Pflanzenarten sind die Strauchige Sode, ein struppiger Halbstrauch, und das Erbsen-Jochblatt. Beide haben sukkulente, also Wasser speichernde Blätter, die sich bei Trockenheit rötlich bis gelb verfärben. Dazwischen sprießt häufig die Gelbe Cistanche, die einer Orchidee ähnelt und von März bis Mai blüht.

■ Avenida del Saladar

❺ Cachalote
| Walskelett |

Teil des Wal-Lehrpfads Senda de los Cetáceos (S. 60) ist das riesige Skelett eines Pottwals, das als Mahnmal am Rand des Saladar de Jandía aufgestellt wurde. 2005 strandete das 15 m lange, auf dem Meer verendete Tier bei Matas Blancas nahe Costa Calma.

■ Avenida del Saladar/Calle el Viejo Barco

❻ Fobos
| Skulptur |

Das nach dem Marsmond Phobos benannte Windspiel aus galvanisiertem Eisen mit Bänderkugeln wurde posthum nach einem Entwurf von César Manrique (1919–1992) gefertigt. Es symbolisiert die Großartigkeit der Natur und gilt als Originalwerk, da der Künstler drei Kopien des auf Lanzarote im Dorf Tahiche stehenden, von ihm zu Lebzeiten geschaffenen Mobiles genehmigte.

■ Avenida Saladar/Calle Princesa Ibaya

❼ Caminos
| Skulptur |

Ein weiterer Teil der Skulpturenroute ist das »Caminos« (Wege) genannte Werk der kubanischen Künstlerin Lisbet Fernández Ramos. Roten und schwarzen Lavagrus legte sie zum Symbol Yin und Yang aus. Darauf verteilte sie 30 Kinderfiguren aus Terrakotta, die zum Himmel schauen. Als

Im Blickpunkt

Schutz der Schildkröten

Früher legte die Unechte Karettschildkröte, die bis zu 1,50 m lang werden kann und damit zu den größten Meeresschildkröten zählt, regelmäßig ihre Eier an Fuerteventuras Sandstränden ab. Schon seit vielen Jahren ist dies nicht mehr der Fall, da die Tiere wegen ihres Fleisches gejagt wurden und anderweitigen Störungen ausgesetzt waren. Um die Art auf der Insel wieder heimisch zu machen, riefen Naturschützer ein Projekt ins Leben, das zwischen 2006 und 2010 den Import von Schildkröteneiern von der Kapverdeninsel Boa Vista vorsah, wo die Echte Karettschildkröte eines ihrer größten Vorkommen weltweit hat. Die Eier wurden an der Playa de Cofete ausgebrütet und die Jungtiere anschließend in der Station in Morro Jable aufgezogen, bis sie nach einigen Monaten ausgewildert werden konnten. Nun wird sich zeigen, ob die erwachsenen Weibchen zurückkehren, um Eier am Ort ihrer Geburt abzulegen.

Vorbild dienten ihr Kinder aus Pájara wie auch Kinderfotos von Erwachsenen aus der Gemeinde. Die Künstlerin betreibt ein Atelier in Esquinzo (www.lisbetfernandez.com). Dort oder auf dem Sonntagsmarkt im Oasis Park (S. 67) kann man auch Kopien ihrer Skulpturen im Miniaturformat kaufen.

■ Rotonda Aldiana

 Verkehrsmittel

Fähre: Zwischen Morro Jable und Las Palmas de Gran Canaria pendeln sowohl eine normale Autofähre von Naviera Armas (1 x tgl., Dauer der Überfahrt 3 Std., www.navieraarmas.com) als auch eine Express-Autofähre von Fred. Olsen (4 x tgl., 100 Min., www.fred olsen.es). Die Expressfähre bietet sich für einen Tagesausflug an. Hin- und Rückfahrt kosten ohne Auto ab ca. 100 €, Tickets online oder am Hafenschalter.

Bus: Nach Puerto del Rosario über Costa Calma Linie 1 halbstdl. bis stdl., Linie 10 (über Flughafen) 2–4 x tgl.; nach Costa Calma außerdem Linie 5 ca. stdl. zum Flughafen 2–4 x tgl.; Linie 111 nach Cofete/El Puertito de la Cruz siehe ADAC Spartipp, S. 116. Busbahnhof (Estación de Guaguas) am oberen Ortsrand (Calle Cervantes, Fußweg zum Meer ca. 20 Min.); weitere Haltestellen in Jandía Playa entlang der FV-2/Avenida del Saladar.

Von Morro Jable sieht man die Fähre Richtung Gran Canaria vorbeiziehen

P Parken

Parken ist im Ortszentrum von Morro Jable zwar durchweg **gebührenfrei**, allerdings sind freie Lücken stets knapp. Auch die beiden großen Parkplätze am westlichen Ufer des **Barranco del Ciervo** (5 bzw. 10 Min. Fußweg) füllen sich tagsüber rasch. Um langes Herumkurven zu vermeiden, bleibt oft keine andere Möglichkeit, als auf dem staubigen Erdstreifen an der FV-2 am **oberen Ortsrand** (etwa oberhalb der Markthalle, 10 Min. Fußweg zum Meer) zu parken. Am außerhalb gelegenen neuen **Hafen** hingegen ist es meist kein Problem, eine freie Parklücke zu finden. Im Hotelviertel **Jandía**

Playa gestaltet sich die Parkplatzsuche wiederum eher schwierig. Der Parkplatz neben dem **Cosmo Shopping Center** kann kostenfrei genutzt werden, außer am Montag und Donnerstag von 9–14 Uhr, wenn dort der Wochenmarkt abgehalten wird. Entlang der **Avenida del Saladar** reihen sich ebenfalls gebührenfreie Parklücken, diese sind jedoch sehr begehrt. Eventuell muss man dann recht weit in die Seitenstraßen ausweichen. Größere Hotels bieten Gästeparkplätze, z. T. gegen Gebühr (ca. 3 € pro Tag).

Restaurants

€ | La Bodega de Jandía Im Moment die absolute In-Adresse für Tapas auf spanische Art, von denen eine nette Auswahl bereitgehalten wird. Für den größeren Hunger gibt es auch kleine Hauptgerichte, für Vegetarier ist ebenfalls gesorgt. In der Fußgängerzone des alten Ortskerns gelegen. ■ Calle Diputado Velazquez 4, Tel. 663 41 79 73, Mo, Di und Do–Sa 18.30–22.30, So 12.30–14.30, 18.30–22.30 Uhr, Plan S. 113 a2

€ | Taberuga Wenn es zur Abwechslung mal italienische Küche sein soll, ist dies eine empfehlenswerte Adresse. Krosse Pizzen, gute Pasta-Auswahl. Von der Terrasse fällt der Blick auf Leuchtturm und Meer. ■ Avenida del Saladar, Centro Comercial Casa Atlantica, Tel. 928 16 66 00, tgl. 13–23 Uhr, Plan S. 113 b2

€€ | Charly Unter den üblichen Mittelklasserestaurants der Strandorte ein etwas einfacheres, preisgünstigeres Lokal. Fast immer ist Fisch aus frischem örtlichen Fang vorrätig, der ohne große Schnörkel auf den Tisch kommt. ■ Plaza Cirilo López 3, Tel. 928 87 60 66, Mo–Sa 11–22 Uhr, Plan S. 113 a2

Am alten Hafen in Morro Jable lädt das Restaurant La Laja zur Einkehr ein

(23) **€€ | Cofradía de Morro Jable** Frischer gibt es den Fisch vermutlich nirgendwo. Vom Kai, wo ihn die Boote jeden Tag anlanden, sind es nur wenige Meter bis zum Restaurant, das von der Fischereigenossenschaft betrieben wird. Auf der großen Terrasse treffen sich Einheimische ebenso wie Touristen. Um Service und Ambiente wird nicht viel Aufhebens gemacht, dafür stimmen Qualität und Preis. ■ Puerto de Morro Jable, Tel. 928 54 01 79, tgl. 12–16 Uhr, Plan S. 113 a2

€€ | La Laja Einer der Klassiker am alten Fischerhafen, typisch kanarische Gerichte und Paella. Unter den Gästen sind zahlreiche »Majoreros«. ■ Avenida Tomás Grau Gorrea 1, Tel. 928 87 60 54, tgl. 11–22 Uhr, Plan S. 113 b2

 Cafés

Coco Banana Punktet durch seine Lage am Meer. Der Kaffee ist gut, auch die Auswahl an Kuchen und Eis kann sich sehen lassen. ■ Avenida Tomás Grau Gorrea 2, Tel. 928 16 62 87, tgl. 9–22 Uhr, Plan S. 113 b2

 Einkaufen

Mercadillo de Morro Jable Auch wenn sich zahlreiche Touristen durch die engen Gassen zwischen den Ständen schieben, so kaufen hier doch auch die Ortsbewohner günstige Kleidung, Schuhe und Schmuck. Am besten möglichst frühzeitig kommen, bevor es voll wird. ■ Avenida del Saladar/ Ecke Calle Bentejuy (neben dem Cosmo Shopping Center), Mo und Do 9–14 Uhr, Plan S. 113 b2

Mercado Municipal Kleine städtische Markthalle, in der regionales Obst und Gemüse, Ziegenkäse, Blumen und Gebäck verkauft werden. Mit Cafeteria. ■ Calle Mascona, Mo–Sa 8–16 Uhr, Plan S. 113 a2

 Kneipen, Bars und Clubs

El Navegante Nette Cocktailbar mit Lounge, kleiner Disco und einer wunderbaren Dachterrasse. So richtig etwas los ist erst in den frühen Morgenstunden, wenn sich ein jüngeres Publikum hier blicken lässt. ■ Calle el Granillo 3, Tel. 687 83 32 22, tgl. 19–3 Uhr, Plan S. 113 a2

Tortuga Bar Bekannteste Anlaufstelle in Jandía Playa für raffiniert zubereitete Cocktails – köstlich: die Mojitos! Im Lounge-Stil mit großartigem Meerblick. Ab Mitternacht tanzt hier die örtliche Szene zu alternativer Musik.

■ Calle Estrella de Mar 2, Centro Comercial Faro (OG), www.facebook.com/tortugafuerteventura, Mo–Sa 21–3 Uhr, Plan S. 113 b2

 Kinder

Pedra Sartaña (Piratenschiff) Die rund fünfstündigen Fahrten entlang der Küste sind ein großer Spaß für Familien. Der Windjammer (Baujahr 1940) transportierte bis in die 1960er-Jahre hinein als eines der letzten Segelschiffe Waren in Nordspanien. 1990 wurde die »Pedra Sartaña« überholt und anschließend nach Fuerteventura überführt, wo sie seither – zum »Piratenschiff« umgerüstet – Touristen durch die Gegend schippert. Unterwegs sind eine Ankerpause mit Badegelegenheit und Mittagessen eingeplant. Gratis-Zubringerbus ab Costa Calma. ■ Puerto de Morro Jable, Tel. 670 74 51 91, www.excursiones-barco-fuerteventura.com, Winter tgl. 10.30, Sommer tgl. 9.30 und 14.30 Uhr, ca. 50 €, erm. 25 €, Plan S. 113 a2

Rancho Jandía Reitzentrum mit Unterricht und diversen Themenausflügen (z. B. 2 Std. für 60 €). Eine Besonderheit sind die Familienangebote (Unterricht für Eltern und Kinder oder Erwachsenenunterricht und Kinderbetreuung). ■ Calle Sancho Panza, Tel. 637 31 44 44, www.ranchojandia.com, Plan S. 113 b/c1

 Events

Fiestas El Carmen Die Fischer feiern ihre Schutzheilige in verschiedenen Küstenorten auf Fuerteventura, besonders ausgiebig aber in Morro Jable. Das Programm mit Wallfahrt, Konzerten, Kabarett, Kinderfesten und nächtlichen Tanzveranstaltungen erstreckt sich über zwei Wochenenden hinweg und gipfelt am eigentlichen Ehrentag der Madonna, dem 16. Juli, in einer farbenfrohen Bootsprozession. ■ www.pajara.es, ca. 8.–16. Juli, Plan S. 113 a2

 Erlebnisse

Santa María Schicker Segelkatamaran, auf dem Skipper Juan maximal zwölf zahlende Gäste durch die Wellen schaukelt. Unterwegs werden, sofern sie sich zeigen, Wale und Delfine beobachtet, und es wird eine Badepause

Pico de la Zarza: Fuerteventuras höchster Berg bietet einen Traumblick über die Insel

eingelegt (4 Std., 56 €, erm. 35 € inkl. Transfer ab Hotels in Tarajalejo und auf der Halbinsel Jandía). ■ Puerto de Morro Jable, Tel. 645 59 66 66, www.catamaran-santamaria.com, Plan S. 113 a2

Senda Ventura Geführte Touren per Segway erschließen unbekannte Ecken der Insel. Auch für Neulinge nach kurzer Einweisung geeignet. Die einstündige Fahrt auf der Promenade von Jandía Playa kostet 40 €, eine Halbtagestour auf Eselspfaden bei Tiscamanita 89 €. ■ Urb. Las Gaviotas, Pasaje Playa 3, Tel. 638 67 95 04, www.segway-fuerteventura.de, Plan S. 113 a2

 Sport

Ocean World Bekannte deutschsprachige Tauchschule mit Filialen in Esquinzo und Tarajalejo. Ausfahrten per Boot, Kurse für alle Stufen (z.B. Einführung 75 €). ■ Hotel Ocean World (S. 120), Calle Flamenco 2, Tel. 928 54 03 24, www.oceanworld.de, Plan S. 113 c1

Surfers Island Seit 1985 bewährte Schule für Katamaransegeln, Windsurfen, Wellenreiten, Kiteboarding. Mit Lounge und Shop. ■ Calle Melindraga 2 (nahe Hotel Aldiana), Tel. 928 16 63 49, www.surfers-island.es, Plan S. 113 c1

👣 **Wandern**

Pico de la Zarza Ein recht anstrengender, von der Wegbeschaffenheit her aber nur mittelschwerer Aufstieg führt von Morro Jable zum Pico de la Zarza (807 m), dem höchsten Gipfel Fuerteventuras. Um den Beginn des als PR FV 54 ausgeschilderten Wegs zu erreichen, läuft oder fährt man die Calle Sancho Panza zwischen den Occidental-Hotels hinauf und hält sich dann an einer Gabelung rechts. Die

Route ist nicht zu verfehlen. Oben bietet sich ein großartiger Blick auf die Strände bei Cofete (hin und zurück 4,5 Std., Trinkwasser mitnehmen).

37 El Puertito de la Cruz

Fischersiedlung nahe der Westspitze Fuerteventuras, gute Fischrestaurants

Das winzige Dorf ganz im Westen der Halbinsel Jandía besteht aus einfachen Häusern, die sich vor allem am Wochenende beleben. Dann kommen ihre Besitzer zum Angeln hierher. Ihre kleinen Boote ziehen sie auf der Rampe des Hafens am östlichen Ortsrand an Land. Hinter dem Hafen geht in den Sommerferien ein Campinggelände in Betrieb, für dessen Benutzung man sich zuvor einen Erlaubnisschein bei der Umweltbehörde in Puerto del Rosario holen muss. Das große, moderne Windrad nebenan wurde schon vor vielen Jahren errichtet und sollte die Siedlung mit Elektrizität versorgen, ging aber nie in Betrieb. So wird weiterhin Strom mit Dieselgeneratoren erzeugt. Einzige echte Sehenswürdigkeit von El Puertito ist eine Skulptur des kubanischen Bildhauers Rogelio Cobas auf dem Hauptplatz, die einen Mann beim Erlegen eines Tintenfischs zeigt. Einheimische wie Tagestouristen treffen sich in den beiden Restaurants. Dort kann man auch nur einen Kaffee bestellen, wenn man sich nicht gleich ein Fischgericht gönnen möchte.

 Restaurants

€ | **El Caletón** Besonders hübsch am Strand gelegen. Hier gibt es Fisch und Schweinekotelett vom Grill. ■ Calle Fuerteventura 5, Tel. 928 17 41 46, tgl. 9–22 Uhr

€€ | **Punta de Jandía** Ziemlich urwüchsig, mit Außenterrasse mitten im Ort. Spezialitäten sind Tintenfisch sowie Fischeintopf mit Gofio. ■ Avenida del Puertito, Tel. 928 17 44 90, tgl. 10–17 Uhr

 Events

Fiesta del Pulpito Das Tintenfischfest wird an drei Tagen Anfang oder Mitte September mit Spielen für Kinder, Schaumparty, nächtlichem Tanz, Angelwettbewerb und einem Wettrennen auf der 4,4 km langen Strecke zwischen dem Faro de Jandía und der Punta de El Pesebre begangen. ■ www.pajara.es

Im Blickpunkt

Inselfauna – Was kreucht und fleucht denn da?

Bei einer Tour auf Schusters Rappen werden Ihnen sicher etliche mehr oder weniger seltene Tiere begegnen. Eine Besonderheit der Insel ist beispielsweise der Kanaren-Bläuling, ein Schmetterling, der sonst nur noch auf Lanzarote und Gran Canaria vorkommt. Allgegenwärtig ist das aus der Westsahara eingeschleppte Erdhörnchen, das sich von Samen und Früchten ernährt und schon zu einer regelrechten Plage geworden ist. Seltener bekommt man hingegen den Nordafrikanischen Igel und die bedrohte Kragentrappe, einen großen Laufvogel mit schwarzweißer Federhaube, zu Gesicht.

In der Umgebung

Faro de Jandía
| Leuchtturm |

Der Leuchtturm an der Westspitze beherbergt heute das Besucherzentrum des Parque Natural de Jandía, der den gesamten unbesiedelten Teil der Halbinsel umfasst. Exponate und Bildtafeln zur Flora, Fauna und Geologie des Parks sind zu sehen. Auf der Terrasse ist bei guter Wetterlage die Nachbarinsel Gran Canaria auszumachen.

■ Punta de Jandía, www.artesaniay museosdefuerteventura.org, Di–Sa 10–18 Uhr, Eintritt frei

Las Salinas
| Strand |

An dem recht breiten, naturbelassenen Strand finden sich neben dunklen, glatten Felsen auch helle Sandflecken. Hier kann man ein paar ruhige Stun-

ADAC *Spartipp*

Um den nur durch Pisten erschlossenen Westen der Halbinsel Jandía zu besuchen, kann man einen Geländewagen anmieten (S. 135) oder an einer Jeepsafari (Discovery Safari, www.discoverysafari.es) teilnehmen. Eine preisgünstigere Alternative ist der **Unimog-Linienbus** von Tiadhe (www.tiadhe. com). Linie 111 verlässt jeden Tag um 10 und 14 Uhr den Busbahnhof von Morro Jable in Richtung Cofete und El Puertito de la Cruz. Die Rückfahrt vom Leuchtturm an der Punta de Jandía erfolgt um 12 und 16 Uhr, ab Cofete um 12.45 und 16.45 Uhr. Das Ticket kostet pro Strecke 8,70 €. Achtung, die Zahl der Plätze ist begrenzt.

den verbringen und eventuell sogar ins Wasser gehen, wobei allerdings Vorsicht angebracht ist. Denn häufig schlägt eine starke Brandung vor die Playa. Wellensurfer fühlen sich davon angezogen und beleben die Szenerie mit ihren Kunststücken.

■ 600 m östl. von El Puertito de la Cruz, von der Zufahrtspiste zum Ort ausgeschildert

Playa de Ojos
| Strand |

Die wellenumtoste Playa an der Piste zur Punta de El Pesebre schaut man sich besser von oben an. Nur unerschrockene einheimische Angler wagen sich auf halsbrecherischen Pfaden die Klippen hinab.

Punta de El Pesebre
| Landspitze |

Am Ende der Piste, die von El Puertito de la Cruz nordwärts führt, strahlt der angeblich kleinste Leuchtturm Europas sein Signal aus, damit Schiffe nicht an den schroffen Klippen der Landspitze zerschellen. Richtung Osten fällt der Blick auf die langen Sandstrände von Cofete.

38 Cofete

Hirtensiedlung mit brandungsreichen Naturstränden und geheimnisvoller Villa

Im Halbrund umgeben eindrucksvolle, Hunderte von Metern hohe Felswände das breite Tal von Cofete. Die Häuser des kleinen Dorfs wurden aus dunklem Naturstein ganz flach gebaut, um dem meist kräftig wehenden Wind standzuhalten und für Piraten weitgehend unsichtbar zu sein. Im 19. Jh. soll die Gegend so fruchtbar ge-

Fast wie aus der Zeit gefallen mutet die unberührte Playa de Cofete an

wesen sein, dass sogar Obst angebaut werden konnte. Dann trocknete der Boden durch Abholzung und Überweidung immer mehr aus, die meisten Bewohner wanderten nach Morro Jable ab. Heute leben noch einige Ziegenhirten zeitweise hier, andere Hausbesitzer kommen nur an den Wochenenden. Auf der Terrasse des einzigen Lokals geben sich Jeepfahrer ein Stelldichein.

 Sehenswert

Playa de Cofete
| Strand |

10 *Wunderschöner Sandstrand für ausgedehnte Spaziergänge*

Die traumhafte, völlig unbebaute Playa punktet mit hellem Sand und einer herrlichen Kulisse aus Bergen im Süden. Baden gilt hier allerdings wegen meist hoher Wellen und unberechenbarer Strömungen als äußerst

gefährlich, auch wenn sich Einheimische im Sommer schon einmal zwecks Erfrischung bis zu den Hüften ins Wasser wagen. Die meisten belassen es allerdings beim Sonnenbaden. An einem Erdparkplatz etwa 400 m nördlich von Cofete ist die Fahrt zu Ende. Dann geht es am Strand entlang nur zu Fuß weiter. In östlicher Richtung ist nach knapp 4 km die Felsklippe El Islote erreicht. Dahinter grenzt die einsamere Playa de Barlovento an, mit ähnlichem Ambiente wie die Playa de Cofete. Insgesamt erstreckt sich die Strandzone über 10 km hinweg.

Villa Winter
| Gutshof |

Das etwas abseits des Orts inmitten karger Landschaft stehende Gebäude mit dem markanten Turm gab immer wieder Anlass zu Spekulationen (siehe ADAC Wussten Sie schon?, S. 118). Ein deutscher Ingenieur na-

Die Gegend um Cofete – ein ideales Terrain für anspruchsvolle Wandertouren

ADAC *Wussten Sie schon?*

Immer wieder wird die **Villa Winter** mit dem Zweiten Weltkrieg in Verbindung gebracht. Hartnäckig halten sich Gerüchte, wonach das geheimnisvolle Anwesen nach dem Krieg Nazigrößen als Quartier diente, die von hier aus nach Südamerika geschleust wurden. Sie sollen auf dem ehemaligen, kaum noch erkennbaren Flugfeld an der **Punta de Jandía** eingetroffen sein. Von Cofete ging es angeblich per U-Boot weiter. Beweise dafür gab es nie. Doch besuchen nach wie vor viele Besucher die Villa, um das Geheimnis zu lüften …

mens Gustav Winter ließ die Villa im Stil eines spanischen Gutshauses errichten, vielleicht schon während des Zweiten Weltkriegs, vielleicht erst danach. Offenbar hat er das Haus selbst nie genutzt. Schon in den 1930er-Jahren pachtete er große Teile der Halbinsel Jandía. Nach dem Krieg hielt »Don Gustavo«, wie er von den Dorfbewohnern genannt wurde, hier Ziegen und exportierte Käse nach Gran Canaria, wo er auch bis zu seinem Tod 1971 lebte. Frühere Pläne, aus dem Anwesen einen Wellnesstempel zu machen, wurden verworfen. Inzwischen ist das Haus eine Art Privatmuseum. Der heutige Bewohner lebt unter einfachsten Bedingungen, hält Hühner und baut im Innenhof Bananen an.

■ Diseminado Cofete 3, tgl. ca. 10–14, 15–18 Uhr, Eintritt frei (kleine Spende)

 Restaurants

€ | **Cofete** Das einzige Lokal am Ort, mit guter inseltypischer Küche. Da alles frisch zubereitet wird, kann es schon mal etwas länger dauern. Spezialitäten sind Fischsuppe und Ziegenfleisch. Hübsche Terrasse. ■ Calle Cofete, Tel. 928 17 42 43, tgl. 10–19 Uhr

 Wandern

Cofete ist auch zu Fuß zu erreichen. Der als PR FV 55 ausgeschilderte alte Verbindungsweg beginnt an der Piste 3 km westlich von Morro Jable bei einem kleinen Parkplatz. Er überwindet die Passhöhe Degollada de Cofete (347 m) und führt dann mit großartiger Aussicht nach Cofete hinab (2,5 Std., mittelschwer), von wo man mit dem Linienbus (S. 110) nach Morro Jable zurückkehren kann.

Übernachten

Die Halbinsel Jandía ist der Hotspot des Fuerteventura-Tourismus. Costa Calma bietet einige größere Hotels und weitläufige Bungalowanlagen. Ferienclubs für sportorientierte Urlauber überwiegen in Esquinzo/Butihondo. Am meisten los ist in Morro Jable/Jandía Playa mit etlichen 4-Sterne-Komforthotels und Apartment-häusern. Je ein Hotel steht in La Pared und am Surferstrand Playa Barca.

La Pared 100

€€ | La Pared powered by Playitas Ein Ableger des Playitas Resort (S. 77) mit Aktivitäten wie Surfen, Radfahren, Wandern, Yoga. Das Hotel pflegt einen unkomplizierten Boutiquestil. Mindestalter 16 Jahre. ■ Avenida del Istmo 6, Tel. 928 54 91 30

Costa Calma 100

€€ | Bahía Calma Beach Gepflegte Anlage in einen Palmengarten über dem Strand, mit Studios, Apartments und Bungalows. Zwei Pools, Kinderbecken. ■ Calle Angostura 3, Tel. 928 54 71 58, www.bahia-calma.com

€€ | Meliá Gorriones Privilegierte Lage am Naturstrand Playa Barca. Das 4-Sterne-Hotel punktet mit exotischem Garten, riesigem Salzwasserpool und Lounge-Bar auf dem Dach. ■ Los Gorriones, Tel. 928 54 70 25, www.solmelia.com

€€ | Sotavento Beach Club Sehr kinderfreundliche Apartmentanlage mit abwechslungsreichem Animations- und Veranstaltungsprogramm für Familien. Büfettrestaurant. ■ Avenida Jahn Reisen 3, Tel. 928 54 70 60, www.sotaventobeachclub.com

(24) €€€ | R2 Maryvent Beach Für einen ruhigen Badeurlaub zu zweit oder mit der Familie empfiehlt sich diese unmittelbar am Strand gelegene Ferienanlage mit Studios und Apartments, die ganz ohne Animation auskommt und mit ihrer verschachtelten Architektur ein optischer Leckerbissen ist. Zwar von der Einrichtung her nicht mehr ganz up to date, aber das kann sich nach dem Ende 2016 erfolgten Besitzerwechsel schnell ändern. ■ Calle Caleta Mansa, Tel. 928 54 74 02, www.r2hotels.com

€€€ | Sentido H10 Playa Esmeralda Wunderschön über dem Meer gelegenes 4-Sterne-Komforthotel (nur für Erwachsene), orientalische Architektur, mehrere Pools und Spa. Angenehme Abendunterhaltung. ■ Calle Punta del Roquito 2, Tel. 928 87 53 53, www.h10hotels.com

Esquinzo 105

€€ | Allsun Esquinzo Beach In einem riesigen Garten mit Pools verteilen sich die Wohngebäude. Geräumige, modern dekorierte Zimmer, Wellnessoase, Fitnessraum. Zum Strand geht es über Treppen hinab. All inclusive. ■ Calle Gran Canaria 8, Tel. 928 54 41 00, www.allsun-hotels.de

€€ | TUI Magic Life Club Fuerteventura Die großzügige Anlage thront auf den Klippen über dem Strand. Ausgedehnte Erholungslandschaft mit Pools und Liegeflächen. All inclusive, mehrere Restaurants und Bars. Mit großem Sportprogramm. ■ Avenida de los Pueblos 1, Tel. 928 87 36 00, www.magiclife.com

Morro Jable 106

€ | Casablanca Am oberen Ortsrand zwischen Wohnhäusern gelegenes, inhabergeführtes kleines Apartmenthaus mit gefälliger Architektur. ■ Avenida del Faro 6, Tel. 928 54 17 44, www.apartamentos-casablanca.com

€€ | Igramar Kleinere Apartmentanlage, nicht weit vom alten Fischerhafen gelegen. Mit Swimmingpool und Kinderbecken. ■ Peatonal Las Gaviotas 3, Tel. 928 16 64 23, www.igramar-morrojable.com

€€ | Ocean World Familiäres Gästehaus unter deutscher Leitung in ruhiger Lage, mit Restaurant und eigener Tauchbasis (S. 114). ■ Calle Flamenco 2, Tel. 928 54 03 24, www.oceanworld.de

€€€ | Riu Palace Jandía Eines der wenigen Hotels in Jandía Playa in direkter Strandlage, das alle Annehmlichkeiten eines 4-Sterne-Hauses bietet, u.a. Süßwasser- und Whirlpool. Angeschlossen ist ein Gesundheits- und Schönheitszentrum. ■ Playa de Jandía, Tel. 928 54 03 70, www.riu.com

(25) **€€€ | Sentido Buganvilla** Bewährtes Komforthotel (2017 renoviert) mit Blick zum Strand. Kompetentes Personal, großzügiger Wellnessbereich, beheizter Außen- und Innenpool, Fitnessstudio. Moderates Animationsprogramm für Groß und Klein. In den praktischen Zimmern kommt außer zwei Erwachsenen auch ein Kind unter. All inclusive. ■ Calle Las Afortunadas 2, Tel. 928 54 06 40, www.sentidohotels.com

€€€ | XQ El Palacete Elegantes, überschaubar großes Hotel, sehr serviceorientiert. Hell eingerichtete Zimmer mit Balkon und Meerblick. Pittoresk gelegen, auf der Anhöhe zwischen Morro Jable und Jandía Playa über dem Strand. ■ Calle Acantilado, Tel. 928 54 20 70, www.xqelpalacete.com

ADAC *Das besondere Hotel*

Ein kurioses Bed & Breakfast nach britischer Manier, sehr persönlich geführt und in seiner Art einmalig auf der Insel, ist **Fuerteventura Serenity**. Das im Kolonialstil erbaute Haus steht etwas erhöht am Ortsrand. Es bietet zwei mit Kingsize-Betten und Marmorboden richtig luxuriös ausgestattete Zimmer und ein Apartment. Reichliches englisches Frühstück, gepflegter ruhiger Garten mit großzügig gestaltetem Swimmingpool. Abendessen kann auf Wunsch zubereitet werden. Das Hotel bietet seinen Gästen einen kostenlosen Zubringerdienst zum Strand (zu Fuß ca. 12 Min.), zu den Einkaufsmöglichkeiten und zum Zoo Oasis Park.
€€ | Costa Calma, Calle Entresalas 39, Tel. 608 20 20 39, www.fuerteventura serenity.com

ADAC

Hier beginnt der Urlaub.

Gut informiert. Besser reisen.

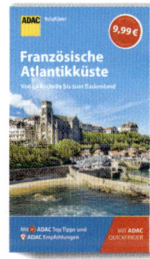

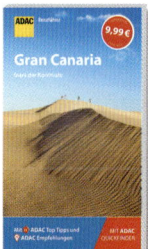

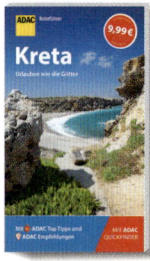

Weitere Titel finden Sie überall, wo es Bücher gibt, und auf adac.de/shop.

Beim **ADAC Infoservice**, in den **ADAC Geschäftsstellen** sowie auf dem **Internetportal des ADAC** (www.adac.de) erhalten Sie Informationen zu den Dienstleistungen des Automobilclubs und zu Ihrem Reiseziel. Als **ADAC Mitglied** können Sie zudem das kostenlose **ADAC TourSet® Gran Canaria, Lanzarote, Fuerteventura** mit vielen Reiseinfos und Karten anfordern oder die **TourSet App** auf dem **Smartphone** oder **Tablet-PC** installieren (www.adac.de/toursetapp).

Rufen Sie bei Notfällen und Pannen den **ADAC Notruf** bzw. den **ADAC Auslandsnotruf** an. Unser Team steht Ihnen rund um die Uhr zur Verfügung.

ADAC Infoservice
Tel. 0 800/510 11 12
Infos zu allen ADAC Leistungen
(Mo–Sa 8–20 Uhr, gebührenfrei)

ADAC Notruf Deutschland
Tel. 0 180/222 22 22
(24 Std., ca. 6 ct/Anruf, max. 42 ct/Min.
aus deutschem Mobilfunknetz)

ADAC Notruf Mobil-Kurzwahl
Tel. 22 22 22
(Gebühren variieren je nach
Netzbetreiber)

ADAC Auslandsnotruf
Tel. +49/89/22 22 22
(Gebühren variieren je nach
Netzbetreiber und Land)

Internet-Serviceangebote des ADAC für Ihre Reiseplanung

Service	Webadresse
Aktuelle Verkehrslage	www.adac.de/verkehr
ADAC Routenplaner	www.adac.de/maps
Infos zu Tankstellen und Spritpreisen	www.adac.de/tanken
Infos zu mautpflichtigen Strecken	www.adac.de/maut
Infos zu Fährverbindungen	www.adac.de/faehren
ADAC TourMail (Aktuelle Infos vor Anreise)	www.adac.de/tourmail
Informationen für Camper	www.adac.de/camping
Informationen für Motorradfahrer	www.adac.de/motorrad
Informationen für Segler und Skipper	www.adac.de/sportschifffahrt
ADAC Reiseangebote	www.adacreisen.de
ADAC Autovermietung	www.adac.de/autovermietung
Weltweite Preisvorteile für ADAC Mitglieder	www.adac.de/vorteile-international

Diese **Produkte des ADAC** könnten Sie interessieren: **ADAC Reiseführer Gran Canaria, ADAC Reiseführer Andalusien** und **ADAC Reisemagazin Kanarische Inseln** – erhältlich im Buchhandel, bei den ADAC Geschäftsstellen und in unserem ADAC Online-Shop (www.adac.de/shop).

Anreise und Einreise

Auto und Autofähre

Ab **Cádiz** in Südspanien verkehrt wöchentlich eine Autofähre der Acciona Trasmediterránea (www.trasmediterranea.es) zu den Kanarischen Inseln mit Stopp u.a. in Puerto del Rosario auf Fuerteventura (Fahrtdauer ca. 30 Std.). Zwei Personen zahlen mit Pkw in der Zweibettkabine hin und zurück ca. 1500 €, mit Wohnmobil ca. 2000 €. Ebenfalls wöchentlich legt eine Autofähre von Naviera Armas (www.navieraarmas.com) im südspanischen **Huelva** Richtung Kanaren ab, mit Stopp in Arrecife (Lanzarote). Für die Anfahrt nach Cádiz bzw. Huelva sind ab Deutschland zwei bis drei Tage zu veranschlagen. Die Autobahnen in Frankreich und Spanien sind z.T. mautpflichtig (100–130 € pro Strecke für einen Pkw).

Von **Playa Blanca** (Lanzarote) besteht ebenfalls Anschluss nach Fuerteventura, tagsüber ca. stündlich, im Wechsel mit einer Autofähre von Naviera Armas (www.navieraarmas.com) und einer Express-Autofähre von Fred. Olsen (www.fredolsen.es); Fahrzeit 30 bzw. 15 Min.

Mietwagenfirmen schließen die Mitnahme des Wagens vertraglich aus oder verlangen einen Aufpreis. Ohne Auto kosten Hin- und Rückfahrt ca. 60 €. Tickets online oder am Schalter im Fährterminal.

Bahn und Bus

Die Anreise per Bahn oder Bus von Deutschland nach Cádiz oder Huelva, wo Fährschiffe zu den Kanarischen Inseln starten (s.o.), gestaltet sich recht umständlich und kommt als Alternative zu einem Flug kaum in Frage.

Flugzeug

Die mit Abstand schnellste und preisgünstigste Form der Anreise ab Mitteleuropa nach Fuerteventura (www.aena.es) ist der Flug. Nonstop beträgt die **Flugzeit** 4–5 Std., Hin- und Rückflug kosten je nach Flugtag und gewählten Extras zwischen 150 und 1000 €. Verbindungen bestehen von verschiedenen Flughäfen in Deutschland, Österreich und der Schweiz z.B. mit Condor (www.condor.com), TUIfly (www.tuifly.com) und Ryanair (www.ryanair.com). Fuerteventura wird ganzjährig häufig angeflogen.

Der **Aeropuerto de Fuerteventura** (FUE) liegt etwa 5 km südlich von Puerto del Rosario. In die Stadt gelangt man mit den Buslinien 3 und 10 (alle 30–60 Min., www.tiadhe.com) oder – in Gegenfahrtrichtung – in den Ferienort Caleta de Fuste. Linie 10 fährt 2–4 x tgl. vom Flughafen nach Morro Jable. Ansonsten geht es zur Halbinsel Jandía und in den Inselnorden mit Umsteigen am Busbahnhof von Puerto del Rosario. Eine **Taxifahrt** vom Flughafen nach Corralejo kostet ca. 50 €, nach Morro Jable ca. 100 €.

Einreise und Dokumente

Die Kanarischen Inseln sind Teil des Schengenraums. Es gibt daher keine oder nur stichprobenartige **Grenzkontrollen**. Urlauber aus Deutschland, Österreich und der Schweiz müssen jedoch einen noch mindestens drei Monate gültigen Personalausweis oder Reisepass bei sich haben. Für Kinder bis zum 12. Lebensjahr genügt ein Kinderreisepass. Wir empfehlen, vor Reiseantritt Kopien Ihrer Reisedokumente anzufertigen und diese getrennt von den Originalen aufzubewahren oder sie online zu speichern.

Auto und Straßenverkehr

Führerschein und Papiere

Der nationale **Führerschein** genügt. Wer mit dem eigenen Fahrzeug anreist, muss auch den **Kfz-Schein** mitführen. Die **Internationale Grüne Versicherungskarte** ist zwar nicht zwingend, wird aber empfohlen, da sie bei einem Unfall die Abwicklung erleichtert. Ein Nationalitätskennzeichen ist bei Fahrzeugen mit Euro-Nummernschild nicht erforderlich.

Tempolimits auf Fuerteventura

(Ausnahmen siehe Verkehrsvorschriften)

Straße	Tempolimit
Autobahn	max. 110 km/h
Landstraße	max. 90 km/h
Ortschaft	max. 50 km/h

Straßennetz und Sicherheit

Das Straßennetz ist gut ausgebaut. Manchmal kann in Städten und größeren Orten das **Einbahnstraßen-** und **Sackgassensystem** verwirrend sein. In entlegenen Inselteilen gibt es nur **Pisten**. Die Erdstraßen im Westen der Halbinsel Jandía sind in der Regel gut mit einem normalen Pkw befahrbar, können aber nach stärkeren Regenfällen beschädigt sein. Andere Pisten erfordern oft einen Geländewagen.

Verkehrsvorschriften

Tempolimit s. Tabelle oben. Die erlaubte Geschwindigkeit für Pkw wird fast überall durch Schilder angezeigt. Oft ist sie gegenüber den genannten Höchstgeschwindigkeiten weiter eingeschränkt. Verstöße werden mit hohen **Bußgeldern** geahndet. Bußgeldbescheide können auch in Deutschland vollstreckt werden.

Die **Promillegrenze** liegt bei 0,5. Für jeden Mitfahrenden ist eine **Warnweste** mitzuführen, die bei Unfall oder Panne bei Verlassen des Fahrzeugs getragen werden muss. **Telefonieren** während der Fahrt ist nur über die Freisprechanlage ohne Kopfhörer erlaubt.

Besonderheiten

Wenn der Vorausfahrende **links blinkt**, möchte er nicht unbedingt abbiegen, sondern will oft anzeigen, dass sich vor ihm ein Hindernis befindet und nicht überholt werden soll.

Häufig sind **Kreisverkehre**. Vorfahrt hat, wer sich im Kreisel befindet. Wer die nächste Ausfahrt nehmen möchte, benutzt die rechte Spur. Anderenfalls muss in zweispurigen Kreiseln innen gefahren werden, bis zum Ausfahren nach rechts gewechselt wird.

Tanken

Das Tankstellennetz ist ausreichend dicht. Nur bei Fahrten ins Bergland bei Betancuria sowie in den Westen der Halbinsel Jandía sollte vorher getankt werden. Im Angebot sind bleifreies Super (95 und 98 Oktan) und Diesel. E10-Kraftstoffe sind noch nicht üblich. Die **Kraftstoffpreise** liegen dank der weitgehenden Steuerfreiheit deutlich unter dem deutschen und österreichischen Niveau (S. 101). Autogas gibt es nur bei der DISA-Tankstelle in El Matorral (nahe Flughafen). Es ist etwas teurer als in Deutschland.

Parken

Fast überall auf Fuerteventura parkt man noch **gratis**. Nur im Zentrum von Puerto del Rosario sowie vereinzelt auch anderswo sind blau oder grün markierte, **gebührenpflichtige**

Zonen ausgewiesen (Parkautomat; ca. 0,65 €/h). In Puerto del Rosario kann man in das gebührenfreie Parkhaus des Einkaufszentrums Las Rotondas (S.23) ausweichen. An gelb markierten Straßenrändern besteht absolutes Park- und Halteverbot. Verstöße werden streng geahndet, es droht sogar Abschleppung.

Panne und Unfall

Nach einem Unfall sollten Sie sofort anhalten, die Unfallstelle absichern und Erste Hilfe leisten, dabei an das Anlegen der Warnweste denken. Bei **Personenschaden** müssen Sie die Polizei verständigen (Notruf: 112, S.129). Ist man mit dem eigenen Auto unterwegs und liegt nur ein **Sachschaden** vor, empfiehlt sich die Verwendung des »Europäischen Unfallberichts«, der mehrsprachig über den ADAC erhältlich ist. Mietwagenfahrer müssen bei Panne oder Unfall sofort die Mietwagenfirma informieren, die Telefonnummer steht auf dem Mietvertrag. Den **ADAC Auslandsnotruf** erreichen Sie bei Fahrzeugpannen und -unfällen unter Tel. +49/89/22 22 22.

Unbedingt Kennzeichen, Name und Anschrift von Fahrern und Haltern der beteiligten Fahrzeuge sowie deren Haftpflichtversicherung und Versicherungsnummer notieren. Außerdem Name von (möglichst neutralen) Unfallzeugen festhalten und die Unfallstelle fotografieren. Unterzeichnen Sie keine fremdsprachigen Schriftstücke, deren Inhalt unklar ist. Lassen Sie sich bei Problemen vom ADAC Infoservice beraten (Tel. 0800/510 11 12).

Ihre **Schadensersatzansprüche** können Sie entweder bei der gegnerischen Versicherung in Spanien oder über einen Regulierungsbeauftragten

der spanischen Haftpflichtversicherung in Deutschland geltend machen, der Ihnen über den Zentralruf der Autoversicherer vermittelt wird.

Zentralruf der Autoversicherer Auskunftsstelle / GDV

 Glockengießerwall 1, 20095 Hamburg, Tel. 0800/250 26 00, +49/403 00 33 00, www.gdv-dl.de

Barrierefreies Reisen

Fuerteventura stellt sich immer besser auf Touristen mit Mobilitätseinschränkungen ein. Der **Flughafen** und einige Sehenswürdigkeiten, etwa der **Oasis Park** bei La Lajita, sind stufenlos zugänglich und bieten barrierefreie Sanitäranlagen. **Strände** mit Rampen sind die Grandes Playas (Corralejo), die Playa Blanca (Puerto del Rosario), die Playa del Castillo (Caleta de Fuste), wo auch Wasserrollstühle verfügbar sind, und die Playa del Matorral (Morro Jable). Auch barrierefreie Taxis stehen zur Verfügung. Buchung von barrierefreien Hotels und Ferienwohnungen z.B. über www.runa-reisen.de, www.traum-ferienwohnungen.de.

Diplomatische Vertretungen

Die Auslandsvertretungen Ihres Heimatlandes helfen Ihnen, wenn Sie Reisedokumente verloren haben, oder vermitteln, falls es zu Problemen mit spanischen Behörden kommen sollte. Allerdings befinden sich die nächstgelegenen auf Gran Canaria.

Deutsches Konsulat

 Calle Albareda 3, 35007 Las Palmas (Gran Canaria), Tel. 928 49 18 80, www.las-palmas.diplo.de

Festivals und Events

Januar

Reyes Magos (6. Januar, Dreikönigsfest) – Am Vorabend finden Umzüge mit den »Heiligen Drei Königen« statt.

Festival Internacional de Música de Canarias (www.festivalde canarias.com) – Fünf Wochen lang klassische Konzerte, u. a. in Puerto del Rosario im Palacio de Congresos (S. 22).

Februar

Carnaval (Karneval) – Besonders ausgiebig mit Umzügen und nächtlichem Tanz wird in Puerto del Rosario und Corralejo gefeiert und das weit über Aschermittwoch hinaus.

Mai

Feria Insular de Artesanía (Mai oder Anfang Juni, Antigua, www. visitfuerteventura.es) – An einem Wochenende stellen Kunsthandwerker ihre Arbeiten vor (S. 73).

Juni

Día del Corpus (Fronleichnam, Puerto del Rosario) – Hier werden für die Prozession keine Blumenteppiche, sondern solche aus gefärbtem Salz ausgelegt.

Juli

Fuerteventura en Música (Monatsanfang, El Cotillo, www.festivalfem. com) – Festival an der Playa de La Concha, mit Musikern der Kanaren, aus Afrika und Lateinamerika (S. 38).

Fiestas del Carmen (um den 16. Juli) – Zu Ehren ihrer Schutzpatronin fahren die Fischer von Corralejo, Salinas del Carmen, Giginámar und Morro Jable mit Bootsprozessionen aufs Meer hinaus.

Windsurfing & Kiteboarding Worldcup (Mitte Juli–Anfang August, Playa Barca, www.fuerteventura-worldcup.org) – Weltmeisterschaft der Wind- und Kitesurfer mit tollen Partynächten im und um das Festzelt, in dem Details der Wettbewerbe per Video gezeigt werden.

August

Fiestas Parroquiales
Fast jedes Dorf feiert seine Kirmes an einem verlängerten Wochenende im August.

September

Fiesta Nuestra Señora de la Peña (drittes Septemberwochenende, Vega de Río Palmas) – Große Wallfahrt zu Ehren der Inselheiligen (siehe »Im Blickpunkt« S. 90).

Oktober

Fiesta de la Virgen del Rosario (um den 7. Oktober, Puerto del Rosario) – Zweiwöchige Kirmes am Hafen mit umfangreichem Programm (S. 26).

Fiesta de San Miguel (29. September bis 13. Oktober, Tuineje) – Kirmes mit bunter Historienschlacht (siehe »Im Blickpunkt« S. 68).

Dezember

Navidad (Weihnachten, Puerto del Rosario) – Die größte Krippe der Kanaren wird im Barranco Pilón (nahe dem Busbahnhof) aufgebaut.

Österreichisches Honorarkonsulat

 Avenida de Italia 6 (Hotel Escorial), 35100 Playa del Inglés (Gran Canaria), Tel. 928 76 13 50, www.bmeia.gv.at

Schweizer Konsulat

 Urbanización Bahía Feliz, Edificio de Oficinas, Local 1, 35107 Tarajalillo – San Bartolomé de Tirajana (Gran Canaria), Tel. 928 15 79 79, www.eda.admin.ch/madrid

Feiertage

1. Januar (Neujahr), 6. Januar (Dreikö-nigsfest), Gründonnerstag, Karfreitag, 1. Mai (Tag der Arbeit), 15. August (Ma-riä Himmelfahrt), 12. Oktober (Tag der Entdeckung Amerikas), 1. November (Allerheiligen), 6. Dezember (Tag der Verfassung), 8. Dezember (Mariä Emp-fängnis), 25. Dezember (Weihnachten). Hinzu kommt auf Fuerteventura der 15. September (Inselfeiertag). Fällt ei-ner dieser Tage auf einen Sonntag, ist entweder der Montag arbeitsfrei oder es wird ein anderer Feiertag bestimmt, z. B. der 30. Mai (Kanarentag) oder der 25. Juli (Tag des Apostels Jakob). Jede Gemeinde weist außerdem zwei ört-liche Feiertage aus.

Geld und Währung

Die Kanaren zählen zur **Eurozone**. Bankautomaten für Kreditkarten und Debitkarten (»EC-Karten«), die auch in deutscher Sprache zu bedienen sind, stehen bei jeder Bankfiliale, in Hotels und Einkaufszentren. Viele Geschäfte, Hotels, Restaurants, Tankstellen und Autovermietungen akzeptieren Kre-ditkarten und EC-Karten.
Für den Umtausch von Nicht-Euro-Währungen kommen **Banken** (geöff-net meist Mo–Fr 9–14, Sept.–Juni auch Sa 9–13 Uhr) und **Hotelrezeptionen** in Frage. Am Flughafen gibt es keine Wechselmöglichkeit.

Kosten im Urlaub

(durchschnittliches Preisniveau)

Tasse Kaffee	2 €
Softdrink (Limonade)	2,50 €
Glas Bier (0,4 l)	4,50 €
Glas Wein (0,2 l)	4,50 €
Hauptgericht (Restaurant)	15 €
Eintritt staatl. Museum	3 €
Mietwagen/Tag	22 €

Gesundheit

Ärztliche Leistungen

Das staatliche spanische Gesund-heitssystem bietet eine Basisversor-gung. Jede Gemeinde verfügt über ein Gesundheitszentrum (»centro de salud« oder »consultorio«). Adressen und Telefonnummern stehen unter www.centrosdesalud.net (Stichwort: Las Palmas). Bei Vorlage einer **Euro-päischen Krankenversicherungskar-te** (i.d.R. in die nationale Gesundheits-karte integriert) haben EU-Bürger und Schweizer Anspruch auf die gleichen Leistungen wie Spanier.
In den Ferienorten gibt es private Ärz-tezentren. Die deutlich höheren Kos-ten dafür übernimmt die gesetzliche Krankenversicherung nicht unbe-dingt. Wir empfehlen daher für den Zeitraum der Reise das Abschließen einer privaten **Auslandskrankenver-sicherung**. Lassen Sie sich stets eine detaillierte Rechnung zur Vorlage bei der Versicherung ausstellen.
Ärzte und Gesundheitspersonal spre-chen zumeist Englisch. Auch einige

deutsche Ärzte praktizieren auf Fuerteventura. Kontaktdaten sind über Hotelrezeptionen zu bekommen.

Apotheken

Meist Mo–Fr 9–13 und 17–19 Uhr geöffnet. Apotheken mit Notdienst (»farmacias de guarda«) stehen unter www.farmaciasdecanarias.com.

Krankenhäuser

Puerto del Rosario hat ein öffentliches Krankenhaus mit Notaufnahme.

Hospital General de Fuerteventura

■ Ctra. General Aeropuerto, Km 1, Tel. 928 86 20 00

 ## Haustiere

Wer mit Hund oder Katze Grenzen innerhalb der EU übertritt, benötigt einen **EU-Heimtierausweis**. Darin müssen eine gültige Tollwutimpfung (Erstimpfung mind. 21 Tage vor Grenzübertritt) und die Daten der Markierung eingetragen sein. Für Tiere, die ab 3. Juli 2011 erstmals gekennzeichnet wurden, ist ein **Mikrochip** Pflicht. Bei vor diesem Stichtag markierten Tieren genügt eine (gut erkennbare) Tätowierung.

 ## Information

Offizielle touristische Informationen erteilt der Patronato de Turismo de Fuerteventura. Die Internetseite ist auch auf Deutsch verfügbar.

Patronato de Turismo de Fuerteventura

■ Calle Almirante Lallermand 1, 35600 Puerto del Rosario, Tel. 0034/928 53 08 44, www.visitfuerteventura.es

Auf Fuerteventura unterhält der **Patronato de Turismo** Informationsbüros in Puerto del Rosario und am Flughafen. Außerdem finden Sie in Puerto del Rosario, Corralejo, Caleta de Fuste und Morro Jable städtische Informationsstellen. Die Adressen stehen in diesem Reiseführer jeweils am Anfang der Ortsbeschreibung.

Auskünfte erteilt die Website des offiziellen Tourismusbüros **Turespaña** (www.spain.info). Dort können Sie außerdem Broschüren herunterladen und finden Kontaktadressen von Turespaña in Deutschland, Österreich und der Schweiz.

 ## Klima und beste Reisezeit

Auf Fuerteventura herrscht ein fast wüstenhaftes Klima, das zugleich dank der dämpfenden Wirkung des Atlantiks sehr ausgeglichen ist. Im Hochsommer klettern die Temperaturen auf nur rund 27 °C, im Winter liegen sie noch um 19 °C. Nachts sinkt das Thermometer von Juli bis September auf etwa 20 °C, im Januar/Februar auf etwa 14 °C ab. In den Sommermonaten weht meist ein recht stetiger Passatwind aus Nordosten. Wechselhafter ist das Wetter im Winter, wenn von Westen her **Tiefdrucksysteme** die Insel streifen können. Der dann teilweise kräftige Wind sorgt an der Westküste für hohe Brandung. Selten weht Südostwind, der heiße Luft aus der Sahara und einen feinen, rötlichen Staub mitbringt, der zu Nebel führen kann.

Auf Fuerteventura wird ganzjährig gebadet und Wassersport betrieben. Allerdings bleibt das Atlantikwasser sogar im Sommer relativ kühl. So steigen die **Meerestemperaturen** in der wärmeren Jahreszeit nur auf bis zu

22 °C, die von August bis Oktober erreicht werden. Im März sind die Wassertemperaturen mit rund 17 °C am niedrigsten. Niederschläge gibt es, wenn überhaupt, zwischen Oktober und April. Von Jahr zu Jahr fällt die **Regenmenge** recht unterschiedlich aus. In seltenen Fällen kann es heftig regnen. Manche Tage sind wolkenverhangen, und es fällt teilweise Nieselregen. Meist ist es aber auch im Winter trocken und sonnig. Gewitter werden fast gar nicht verzeichnet.

Bei Mitteleuropäern ist die beliebteste Reisezeit das **Winterhalbjahr**, während Spanier eher im Sommer nach Fuerteventura kommen. Ferienorte und Strände sind immer belebt. So variieren auch die Hotelpreise mit den Jahreszeiten nur geringfügig.

Dank der Nähe zum Äquator schwankt die **Tageslänge** im Jahresverlauf kaum. So ist sogar im Winter noch mit 10–11 Stunden Tageslicht zu rechnen.

Klimatabelle Puerto del Rosario

Monat	Luft (°C) (min./max.)	Sonne (h/Tag)	Regen- tage	Wasser (°C)
Jan.	14/20	6	3	18
Feb.	14/20	7	3	18
März	15/21	7	2	17
April	15/22	8	1	18
Mai	16/23	8	0	18
Juni	18/25	9	0	20
Juli	20/27	9	0	21
Aug.	20/27	9	0	22
Sept.	20/27	8	0	22
Okt.	19/26	7	2	22
Nov.	17/24	7	2	20
Dez.	15/21	6	3	19

Medien

Deutsche **Tageszeitungen** und **Zeitschriften** erhält man in den Ferienorten mit einem Tag Verspätung am Kiosk. Über aktuelle Ereignisse auf der Insel und touristisch relevante Themen informieren die deutschsprachige »Fuerteventura Zeitung« (www.fuerteventurazeitung.de), die alle 14 Tage erscheint, sowie die dreisprachige Monatszeitschrift »Fuerteventura Magazine Hoy« (www.fuerteventuramagazinehoy.com; u.a. Deutsch).

In den Hotelzimmern befinden sich in der Regel **Fernseher**, die mehrere deutschsprachige Programme empfangen. Der deutschsprachige **Radiosender** auf Lanzarote, Radio Europa, sendet auf 99,4 FM und 102,5 FM. Er ist auch auf Fuerteventura zu hören, allerdings nicht im äußersten Süden bei Esquinzo und Morro Jable.

Nachtleben

Ein aufregendes Nachtleben bietet Fuerteventura nicht. Am ehesten etwas los ist noch in **Corralejo**, wo sich vorwiegend britische Urlauber in Bars und Music-Pubs vergnügen. In eingeschränktem Maße gilt dies auch für **Caleta de Fuste**. Die Surferszene frequentiert abends ihre Kultlokale in Corralejo, Lajares und El Cotillo. In den Urlaubsorten der Halbinsel **Jandía** geht es abends und nachts sehr ruhig zu. Die abendliche Unterhaltung spielt sich dort im Wesentlichen innerhalb der Ferienclubs und großen Hotels ab.

Notfall

Wählen Sie in Notfällen immer die gebührenfreie europäische **Notfall-**

nummer **112**. Unter dieser Nummer erhalten Sie Hilfe von der Polizei oder der Feuerwehr sowie in medizinischen Notfällen (Rettungswagen, Notarzt). ADAC Mitglieder können sich in Notfällen auch rund um die Uhr an den **ADAC Auslandsnotruf** unter Tel. +49/ 89/22 22 22 wenden. Bei Bedarf werden auch Dolmetscher vermittelt. Derzeit wird auf Fuerteventura ein Netz von Defibrillatoren zur Behandlung von Herzrhythmusstörungen aufgebaut. Sie sind wie bei uns durch das Wort »Defibrillator« gekennzeichnet und zur Anwendung durch medizinische Laien vorgesehen.

Öffnungszeiten

Geschäfte sind meist Mo–Fr 10–13/14, 16/17–20 und Sa 10–13/14 Uhr geöffnet, in Ferienorten auch durchgehend und am Wochenende. Einkaufszentren und Supermärkte öffnen Mo–Sa 9–21/22 Uhr.

Post

Mehrere Postanbieter sind auf dem Markt. Für Post nach Deutschland haben sich Marken der staatlichen spanischen Post »**Correos**« bewährt. Es gibt sie in Postfilialen (geöffnet meist Mo–Fr 8.30–14.30, Sa 9.30–13 Uhr, in Puerto del Rosario Mo–Fr bis 20.30 Uhr) sowie in jedem autorisierten Tabakladen (»estanco«). Das reguläre **Porto** für eine Standard-Postkarte oder einen Standard-Brief (bis 20 g) in alle Länder Mitteleuropas beträgt 1,25 € (Stand 12/2017). Die mit Marken von Correos frankierte Post gehört in die **gelben Briefkästen** mit Posthornzeichen. Mit Laufzeiten von mehr als zehn Tagen sollte man rechnen.

Rauchen und Alkohol

Auf Fuerteventura ist das Rauchen in öffentlichen Bereichen, etwa am Flughafen, an Bushaltestellen, in Bussen, Fährterminals, Einkaufszentren und Hotelhallen verboten. Im Abflugbereich des Flughafens gibt es eine Außenterrasse für Raucher. Gastronomiebetriebe dürfen keine Raucherzonen mehr ausweisen. Die Regelungen gelten auch für E-Zigaretten. Hotels können noch Raucherzimmer anbieten, sie sind aber nur in begrenztem Ausmaß verfügbar. Rauchen am Steuer ist zwar (noch) nicht ausdrücklich verboten, kann aber in Einzelfällen, falls der Fahrer dadurch abgelenkt ist, mit **Bußgeldern** geahndet werden. Strikt untersagt ist es, brennende Kippen aus dem Autofenster zu werfen. Mietwagenfirmen bringen oft Rauchverbotsschilder in ihren Wagen an. **Alkohol** darf an Jugendliche unter 18 Jahren in Geschäften und Lokalen nicht abgegeben werden.

Sicherheit

Fuerteventura gilt als relativ sicher. Dennoch ist Vorsicht insbesondere in den Ferienorten angebracht. Wertsachen und wichtige Dokumente sind am besten im **Hotelsafe** aufgehoben (in vielen Hotelzimmern, meist gegen Gebühr). Sofern das nicht möglich ist, empfiehlt es sich, Wertsachen am Körper zu tragen. Halten Sie Ihren Bargeldbestand klein. Mit **Taschendieben** ist etwa auf Märkten, Volksfesten, in Fußgängerzonen und Nachtlokalen zu rechnen. Auch an Stränden kommt es immer wieder zu Diebstählen. Im Auto sollte nichts offen sichtbar liegen bleiben, auch keine Jacken oder Zeitungen, unter denen Diebe Wertsachen vermuten könnten. Einbrüche in Hotelzimmer kommen zuweilen vor, daher vor dem Verlassen alle Fenster und Türen schließen. Bei der Benutzung von Geldautomaten sind diejenigen zu bevorzugen, die direkt bei einer Bankfiliale oder in einem Einkaufszentrum oder Hotel stehen. Mit Kreditkarte sollte man nur in vertrauenswürdigen Einrichtungen zahlen.

Diebstähle jeder Art sollten Sie bei der örtlichen Polizeiwache anzeigen. Umfassende Informationen zur Sicherheit in Spanien gibt es auf der Internetseite des Auswärtigen Amtes (www.auswärtiges-amt.de).

Die Strandabschnitte bei den Ferienorten sind tagsüber bewacht. Zu beachten ist die **Beflaggung**. Rot bedeutet Badeverbot, bei Gelb ist Vorsicht geboten, bei Grün ist das Baden sicher. Weht eine schwarze Flagge, ist kein Wächter anwesend. An nicht bewachten Stränden kann das Baden gefährlich sein. Dies gilt insbesondere für einige Strände an der Westküste, insbesondere die Playa de Cofete und die Playa de Sotavento, wo mit starker Brandung und unberechenbaren Strömungen zu rechnen ist.

Sport

Fahrrad

Fuerteventura erfreut sich immer größerer Beliebtheit bei Radsportlern aus Mitteleuropa. In den Wintermonaten nutzen sie das günstige Klima der Insel zum Trainieren. Sie sind vor allem auf den weniger befahrenen Straßen im Inselzentrum und im westlichen Bergland unterwegs. Für Freizeitradler ist ein insgesamt 225 km langes Netz von 34 ausgeschilderten Routen im Auf-

bau. Einige verlaufen über Radwege, die zwischen 0,3 und 8,6 km lang sind. Andere, bis zu 20 km lange Strecken setzen ein **Mountainbike** voraus, da sie über Pisten führen. Es bietet sich an, mehrere dieser Routen miteinander zu kombinieren. Unter www.visitfuerteventura.es sind die »Rutas Ciclistas de Fuerteventura« gelistet, und es finden sich dort auch einige Beschreibungen mit Karten und Höhenprofil. Zu beachten ist, dass für alle Radfahrer **Helmpflicht** besteht. Bei Mietfahrrädern ist der Helm in der Regel im Preis inbegriffen. Linienbusse befördern keine Fahrräder.

Golf

Fuerteventura ist eine durchaus ernst zu nehmende Golfdestination. Es gibt vier 18-Loch-Plätze: zwei bei Caleta de Fuste, je einen bei Las Playitas und Morro Jable. Tagesgäste sind willkommen, die Greenfee-Kosten für 18 Loch betragen um 60 €. Matchpoint Sports in Esquinzo (S. 105) vermittelt Golfunterricht und Greenfees. Weitere Informationen unter www.1golf.eu. In ein Ferienresort integriert ist der 9-Loch-Platz bei Corralejo (www.miradordelobos.com). Außerdem findet man eine deutschsprachige Golfakademie in La Pared (Tel. 928 54 91 03).

Kajak

In Corralejo (www.kayakfuerteventura.com) und Tarajalejo (S. 66) gibt es Anbieter, die Seekajaks verleihen und auch geführte Touren in ihrem Programm haben, von Corralejo etwa zur Insel Lobos. Jedes Jahr im August/September wird die **Vuelta a Fuerteventura en Kayak** veranstaltet, eine Regatta rund um die Insel in acht Tagesetappen.

Reiten

Reiterhöfe bei El Cotillo, Antigua, La Pared und Morro Jable bieten Ausritte und teilweise auch Unterricht an (Adressen bei den Ortsbeschreibungen). Die Möglichkeiten zum Ausreiten sind vielfältig und spannend: an Stränden, über Ziegenpfade und karge Hügel, durch Schluchten und an Felsküsten. Eine Besonderheit sind **Kamelritte**. Sie werden am Strand von Caleta de Fuste und im Oasis Park (S. 67) angeboten.

Segeln und Surfen

Segeln mit Katamaranen wird von Segelschulen in Corralejo, Las Playitas, Tarajalejo und Morro Jable angeboten. Mitsegelgelegenheit auf Hochseejachten besteht ab Corralejo und Morro Jable.

Fuerteventura ist ein **Surferparadies**. Ein internationales Surferpublikum trifft sich im Inselnorden. Für Wind- und Kitesurfer eignet sich dort die Meerenge El Río vor Corralejo. Spannend für Wellenreiter wird es an der brandungsreichen Playa del Castillo bei El Cotillo oder an der felsigen Nordküste. Auf der Halbinsel Jandía zieht es Wind- und Kitesurfer an die Playa Barca bei Costa Calma und an die Playa del Matorral bei Morro Jable. Beliebte Locations für Wellenreiter im Süden sind La Pared sowie der äußerste Westen der Halbinsel Jandía. In Corralejo, El Cotillo, Las Playitas, Tarajalejo, La Pared, Costa Calma und Morro Jable sind diverse Anbieter ansässig, die eine oder mehrere Varianten des Surfsports sowie meist auch das einfacher zu erlernende SUP (Stand Up Paddling) im Programm haben.

Anfänger sind am besten in den Surfschulen und –camps aufgehoben, die in den meisten Ferienorten am Meer ihre Dienste anbieten. Für Anfänger eignen sich vor allem die Lagune der Playa Barca (bei Costa Calma) und die ruhige Bucht von Caleta de Fuste (dort gibt es neuerdings wieder eine Surfbasis, www.canarysurfacademy.com).

Tauchen

Die Meerenge El Río bei Corralejo mit ihrer fast tropischen Unterwasserwelt gilt als besonders lohnendes **Tauchrevier**. Auch an der Ostküste und im Süden der Halbinsel Jandía gibt es interessante Spots. In Corralejo, Caleta de Fuste, Las Playitas, Tarajalejo, Costa Calma, Esquinzo und Morro Jable bieten Tauchbasen Schulung, Verleih und Tauchgänge. **Schnorchler** kommen ebenfalls voll auf ihre Kosten.

Wandern

Zwar ist Fuerteventura keine ausgesprochene Wanderdestination, aber im kühleren Winterhalbjahr sind doch immer mehr Wanderer in den Bergen und entlang der Küsten unterwegs. Ein Netz von **14 Routen** wurde ausgeschildert. Eine besondere Herausforderung ist der 155 km lange **Fernwanderweg GR 131**, der Fuerteventura in neun Etappen von Nord nach Süd durchzieht. Wegbeschreibungen und Karten stehen unter www.mapama.gob.es (Suchwort: Caminos Naturales). In Villaverde (S. 39) und Tarajalejo (S. 66) sind Veranstalter ansässig, die geführte Wanderungen anbieten.

Strom und Steckdose

Das spanische Stromnetz wird wie in Deutschland mit 230 Volt betrieben. In die Steckdosen passen problemlos die üblichen Euro- und Schuko-Stecker.

Telefon und Internet

Internationale Vorwahlen:

◼ Spanien 0034
◼ Deutschland 0049
◼ Österreich 0043
◼ Schweiz 0041

Alle spanischen Telefonnummern bestehen aus neun Ziffern. Ortsvorwahlnummern gibt es nicht.

Die **Roaminggebühren** für Mobiltelefonate wurden innerhalb der EU im Juni 2017 abgeschafft. Deutsche und österreichische Handykunden telefonieren somit in Spanien zu den gleichen Konditionen wie zu Hause. Für Handykunden aus der Schweiz fallen nach wie vor Roaminggebühren an. Wer eine spanische Nummer anruft, muss stets die Landesvorwahl 0034 mitwählen.

Eine Basisversorgung mit Telefonsäulen, von denen mit Münzen oder Karten telefoniert werden kann, wird trotz der geringen Nachfrage aufrechterhalten. Die Gespräche sind allerdings relativ teuer. Telefonkarten gibt es am Kiosk. Noch teurer sind Telefonate vom Hotelzimmer aus, es sei denn, Sie benutzen eine Prepaid Calling Card mit PIN (in Geschäften oder online erhältlich).

W-LAN heißt in Spanien **WiFi**. Die meisten Unterkünfte bieten es inzwischen gratis an. Kostenlose Hotspots gibt es auch am Flughafen, in vielen Einkaufszentren, Restaurants und Cafés. Wer kein eigenes Gerät mitbringt, findet in größeren Hotels meist noch Computer mit **Internetzugang** in den öffentlichen Bereichen. Telefonläden (»locutorios«), die auch Computer mit Internetzugang bieten, gibt es nur noch ganz vereinzelt.

 Trinkgeld

Bei Rechnungen im Restaurant oder Hotel ist das Bedienungsgeld inkludiert. Dennoch ist es üblich, bei Zufriedenheit ein zusätzliches Trinkgeld zu geben. Eine Ausnahme stellen einfache Bars und Cafeterias dar. Auch Taxifahrer erhalten normalerweise kein Trinkgeld, man kann aber den Fahrpreis aufrunden.

 Umgangsformen

Die »Majoreros« sind im Umgang mit Fremden zurückhaltend. Hat man nähere Bekanntschaft geschlossen, ist es bei Frauen untereinander sowie zwischen Männern und Frauen üblich, sich mit angedeuteten Küsschen auf die linke und rechte Wange zu begrüßen. Während in gehobenen Berufen und bei feierlichen Anlässen formelle Kleidung getragen wird, kleiden sich die Canarios in der Freizeit leger.

Obwohl die Gesetzeslage nicht ganz eindeutig ist, gilt Fuerteventura als **FKK**-Paradies. Textilfreies Baden wird an den Stränden der Halbinsel Jandía fast überall geduldet, man sieht es aber vorwiegend an den einsameren, nicht mit Hotels bebauten Abschnitten. Im Norden gibt es eine inoffizielle FKK-Zone am Dünenstrand südlich von Corralejo (S.31). Am Hotelpool ist zwar »oben ohne« verbreitet, nicht aber hüllenloses Sonnenbaden.

Unterkunft und Hotels

Camping

Man kann auf Fuerteventura ein **Wohnmobil** mieten (www.autocara vanasfuerteventura.es, www.ventura van.es, www.airbnb.com) oder das eigene Fahrzeug auf der Fähre mitbringen (S. 123). Prinzipiell dürfen Wohnmobile überall parken, wo es auch für Pkw erlaubt ist, falls nicht anders ausgeschildert. Dabei spielt es keine Rolle, ob sich jemand im Wagen aufhält oder nicht. Nachts sollten allerdings Vordächer eingerollt und Stühle und Tische hineingeholt werden, sonst drohen Bußgelder. Außerdem ist bei Übernachtungen von der Küste ein Abstand von 20–40 m zu halten (oft durch weiße Markierungen angezeigt). Maximal 48 Stunden am selben Standplatz sind erlaubt. Für die Ver- und Entsorgung kann man jede Tankstelle anfahren, man findet aber auch immer mehr spezielle Stationen auf der Insel. Regelrechte Campingplätze gibt es nicht. Auf wildes Campen mit dem Zelt stehen hohe Strafen. Die offiziellen, sehr einfach ausgestatteten Campinggelände auf der Insel Lobos (max. 3 Tage, nur für Zelte) und auf der Halbinsel Jandía in Cofete und El Puertito de la Cruz (jeweils max. 7 Tage, auch für Wohnmobile) sind nur etwa von Mitte Juni bis Ende September in Betrieb und erfordern einen **Erlaubnisschein** der Umweltbehörde in Puerto del Rosario (Medio Ambiente del Cabildo, Calle Lucha Canaria 112, Tel. 928 86 11 15, www.cabildofuer.es).

Ferienclubs

Auf der Halbinsel Jandía haben sich mehrere deutschsprachige Ferienclubs und Clubhotels angesiedelt, die ein großes **Sport-** und **Animationsangebot** in ihrem Programm haben. Dort wird Wert auf Gesellligkeit und gemeinsame Aktivitäten gelegt. Diese Anlagen eignen sich auch gut für Alleinreisende. Sie können über Reisebüros oder online gebucht werden.

Ferienwohnungen

Ferienhäuser und -wohnungen werden sowohl in den Strandorten als auch vereinzelt im Hinterland vermietet. Dabei kann es sich um **Studios** (ein Wohn-/Schlafraum), **Apartments** (mindestens ein vom Wohnraum getrennter Schlafraum) oder **Bungalows** in größeren, hotelähnlichen Anlagen handeln, die von Reiseveranstaltern vermittelt werden. Oder es sind Immobilien in Privatbesitz, wobei auch diese sich meist in Resorts mit Rezeption, Gartenanlagen, Pool, Restaurant und Bar befinden. Die Preise schwanken im Jahresverlauf kaum. Einfache Ferienwohnungen gibt es ab 40 € pro Tag, Luxusapartments und Villen sind für 200–300 € pro Tag zu haben. Ferienhäuser und -wohnungen können über die gängigen Internetportale gebucht werden.

Hostels und Jugendherbergen

Jugendherbergen gibt es auf Fuerteventura nicht. Die kanarische Regierung unterhält in Pozo Negro die Landherberge Albergue Pozo Negro (Tel. 928 17 46 66, www.gobiernode canarias.org) mit 65 Betten in acht Schlafsälen. Mehrere **Hostels**, die sich z. T. auch Surfcamps nennen, finden sich in Corralejo. In Morro Jable ist einem deutschsprachigen Surfcamp (www.otro-modo-surfschool.de) ein Hostel angeschlossen.

Hotels

Bei Hotels in den Ferienorten handelt es sich fast ausschließlich um größere Mittelklassehäuser der Vier-Sterne-Kategorie, vereinzelt auch um Fünf-Sterne-Luxushotels. Einfachere Hotels oder Pensionen existieren am ehesten noch in Puerto del Rosario und wenden sich vorwiegend an einheimische Geschäftsreisende. Ein Doppelzimmer mit Frühstück im Vier-Sterne-Hotel kostet je nach Komfort etwa zwischen 70 und 250 € pro Nacht. Sehr verbreitet sind **All-inclusive**-Angebote (ab ca. 100 € pro Nacht im Doppelzimmer). Im Trend liegt die Unterscheidung zwischen Hotels nur für Erwachsene (»adults only«) und kinderfreundlichen Familienhotels, von denen es auf Fuerteventura jeweils eine ganze Reihe gibt.

Ländliche Quartiere

»Turismo rural« ist zwar auf Fuerteventura nicht sehr verbreitet, aber es gibt einige kleine Landhaushotels. Auch werden hier und da ganze Fincas oder auch Ferienwohnungen in Bauernhöfen vermietet. Infos und Buchung z. B. unter www.toprural.com.

 Verkehrsmittel auf der Insel

Bus

Die Gesellschaft **Tiadhe** (www.tiadhe. com) betreibt alle Buslinien zwischen den verschiedenen Orten auf Fuerteventura. Die meisten starten im Busbahnhof von Puerto del Rosario, von wo es häufig nach Corralejo, Caleta de Fuste und über Antigua und Gran Tarajal zur Halbinsel Jandía geht. Andere Inselteile werden seltener angefahren.

Fähren

Die kleine, autofreie Nachbarinsel Lobos wird ab Corralejo von **Personenfähren** angesteuert, im Sommer ca. 7 x tgl., im Winter 4–5 x tgl. (Überfahrt 15 Min., Hin- und Rückfahrt 15 €, www.excursionesmaritimaslobos.com).
Autofähren nach Südspanien und Lanzarote: siehe S. 123

Mietwagen

Am Flughafen von Fuerteventura sind verschiedene Mietwagen-Anbieter präsent. Vorausbuchung über einen Reiseveranstalter oder via Internet empfiehlt sich. Auch in den Ferienorten lassen sich Pkw anmieten. Für Mitglieder bietet die **ADAC Autovermietung** günstige Konditionen an. Buchen kann man im Internet (www.adac.de/autovermietung), in allen ADAC Geschäftsstellen oder unter Tel. 089/76 76 20 99.

 Zeitverschiebung

Auf den Kanarischen Inseln gilt Westeuropäische Zeit (WEZ). Die Umstellung auf Sommer- bzw. Winterzeit erfolgt zu denselben Terminen wie bei uns. Gegenüber Mitteleuropa wie auch gegenüber dem spanischen Festland ist die Uhr daher ganzjährig um eine Stunde zurückzustellen.

 Zollbestimmungen

Die Kanarischen Inseln gehören zwar zum EU-Land Spanien, sind aber nicht voll in den europäischen Binnenmarkt integriert, sondern genießen einen Sonderstatus als **Freihandelszone**. Daher gelten für Reisende aus EU-Ländern wie auch aus der Schweiz die internationalen Zollvorschriften. Bei Grenzübertritten bleiben Waren (auch Tabak und Alkohol) im Gesamtwert bis 430 € bzw. 300 CHF zollfrei. Steuerfrei bleiben für Reisende ab 17 Jahren 250 Zigaretten oder Zigarren bzw. 250 g andere Tabakfabrikate, 5 l alkoholische Getränke bis 18 % Vol. und 1 l alkoholische Getränke über 18 % Vol. (www.zoll.de, www.bmf.gv.at/zoll, www.ezv.admin.ch).

Die Geschichte Fuerteventuras

Um 1100 v. Chr. Phönizier sammeln auf den Kanaren die Purpurflechte, der Fuerteventura und Lanzarote den Namen Purpurarien verdanken.

Um 500 v. Chr. Die Ureinwohner besiedeln von Nordafrika aus die Kanarischen Inseln.

40 v. Chr. König Juba II. von Mauretanien schickt eine Forschungsexpedition zu den Kanaren.

13. Jh. Nachdem der Archipel im Mittelalter in Vergessenheit geraten war, erkunden ihn südeuropäische Händler nun auf der Suche nach Sklaven und Naturfarbstoffen.

1405 Der Normanne Jean de Béthencourt erobert Fuerteventura im Auftrag des Königs von Kastilien und gründet die Stadt Betancuria.

1465 Fuerteventura wird Kastilien eingegliedert. Lehnsherr Diego García de Herrera betreibt Sklavenfang in Nordwestafrika. Umgekehrt verschleppen maurische Piraten Inselbewohner in die Sklaverei.

1675 Die Herrscherfamilie zieht nach Teneriffa um.

1708 Der Oberst eines in La Oliva stationierten Milizenregiments übernimmt die Verwaltung.

1740 Zweimal landen britische Korsarentrupps bei Gran Tarajal und werden erfolgreich zurückgeschlagen.

1808 Das Großbürgertum wendet sich gegen die Feudalherrschaft und wählt ein Parlament mit Sitz in Antigua, das 1815 wieder aufgelöst wird.

1835 Ziviler Verwaltungssitz der Insel wird Puerto de Cabras. Ein Jahr später endet die Feudalherrschaft.

1860 Das Milizenregiment in La Oliva wird aufgelöst.

1912 Der Inselrat (»cabildo insular«) übernimmt die örtliche Verwaltung.

1956 Puerto de Cabras (»Ziegenhafen«) heißt ab jetzt Puerto del Rosario.

1966 In Morro Jable eröffnet das erste Ferienhotel.

1975 Die spanische Fremdenlegion wird gegen den Willen der Bevölkerung auf Fuerteventura stationiert.

1996 Mit dem Abzug der Legion beruhigen sich die Gemüter.

2002 Nach dem Tod des baskischen Bildhauers Eduardo Chillida ist sein umstrittenes Projekt, den heiligen Berg Montaña Tindaya auszuhöhlen, bis heute nicht vom Tisch.

2009 Fuerteventura wird von der UNESCO zum Biosphärenreservat und **2015** auch zum Lichtschutzgebiet für die Sternenbeobachtung erklärt.

2017 Im Mai/Juni finden die Dreharbeiten zum »Star Wars«-Ableger auf der Halbinsel Jandía statt.

Der normannische Adelige Jean de Béthencourt erobert 1405 Fuerteventura für die kastilische Krone

Spanisch für die Reise

Das Wichtigste in Kürze

Ja/Nein	*sí/no*
Bitte/Danke	*por favor/gracias*
Hallo!/Auf Wiedersehen!	*¡Hola!/¡Adiós!/¡Hasta luego!*
Guten Morgen!/Guten Tag!	*¡Buenos días!*
Guten Abend!/Gute Nacht!	*¡Buenas tardes!/¡Buenas noches!*
Mein Name ist …	*Me llamo …*
Entschuldigung!	*¡perdón!/¡perdone!*
Achtung!/Vorsicht!	*¡Atención!/¡Cuidado!*
Ich verstehe Sie nicht.	*No le entiendo.*
Wie viel kostet das?	*¿Cuánto cuesta?*
Damen/Herren	*Señoras/señor*
geöffnet/geschlossen	*abierto/cerrado*
gestern/heute/morgen	*ayer/hoy/mañana*
Wo ist …?	*¿Dónde está …?*
Ist das der Weg nach…?	*¿Es este el camino a …?*
Ich möchte…	*Quisiera …*
Die Rechnung, bitte!	*¡La cuenta, por favor!*
Auto	*coche*
Tankstelle	*gasolinera*
Super/Diesel/bleifrei	*gasolina super/diesel/gasolina sin plomo*
Panne	*avería*
Restaurant	*restaurante*
Auto	*coche*
Toiletten	*los aseos*
Kreditkarte	*tarjeta de crédito*
Abschleppwagen	*coche grúa*
Hilfe!	*socorro*
Fahrrad	*bicicleta*
Hauptbahnhof	*la estación central*
Busbahnhof	*la estación autobus*
Flughafen	*el aeropuerto*
Ausweis	*carnet de identidad*
Bank/Geldautomat	*cajero automático*
Arzt/Zahnarzt	*médico/dentista*
Apotheke	*farmacia*
Lebensmittelgeschäft	*supermercado*
Tourismusbüro	*oficina de turismo*

Wochentage

Montag/Dienstag	*lunes/martes*
Mittwoch/Donnerstag	*miércoles/jueves*
Freitag/Samstag	*viernes/sábado*
Sonntag	*domingo*

Monate

Januar/Februar	*enero/febrero*
März/April	*marzo/abril*
Mai/Juni	*mayo/junio*
Juli/August	*julio/agosto*
September/Oktober	*septiembre/octubre*
November/Dezember	*noviembre/diciembre*

Zahlen

1	*uno*	8	*ocho*
2	*dos*	9	*nueve*
3	*tres*	10	*diez*
4	*cuatro*	11	*once*
5	*cinco*	12	*doce*
6	*seis*	100	*cien, cientro*
7	*siete*	1000	*mil*

Hinweise zur Aussprache

c	vor ›a, o, u‹ wie ›k‹, z. B.: casa, vor ›e‹ und ›i‹ ähnlich dem englischen ›th‹
ch	wie ›tsch‹, z. B.: leche
g	vor ›e‹ und ›i‹ wie ›ch‹, z. B.: gente
gue/gui	wie ›ge, gi‹, z. B.: guiso, pague
h	ist immer stumm
j	wie ›ch‹, z. B.: jamón
ll	zwischen Vokalen wie ›lj‹ z. B.: tortilla
ñ	wie ›nj‹, z. B.: niño
que/qui	wie ›ke, ki‹, z. B.: queso, quiero
s	vor ›b, d, g, l, m, n‹ weiches ›s‹
v	wie ›b‹, z. B.: via, vino
z	ähnlich dem englischen ›th‹

Alle Blickpunkt-Themen in diesem Band:

Parque Escultórico in Puerto del Rosario 20
Männliche und weibliche Mühlen 27
Das Regiment der Obersten 42
Tindaya – umstrittenes Kunstprojekt 46
Der Tag des Erzengels Michael – ein kurioses Spektakel........... 68
Varianten vom Ziegenkäse... 72
Jean de Béthencourt 83
Franziskaner auf Fuerteventura 86

Junge Vulkane... 35
Ein Wal-Lehrpfad 60
Barranco de Las Peñitas – fruchtbare Palmenoase.................. 90
Schutz der Schildkröten.. 109
Inselfauna – Was kreucht und fleucht denn da? 115

Register

A

Acosta, Andrés García 86
Ajuy 92
Alkohol 130
Aloe vera 45, 62, 70, 71, 73
Ampuyenta 74
Anreise 123
Antigua 71
Auto 124

B

Barranco de la Madre del
   Agua 94
Barranco de Las Peñitas 90
Barrierefreies Reisen 125
Beste Reisezeit 128
Betancuria 82
- Calle Roberto Roldán 85
- Capilla San Diego de
   Alcalá 86
- Casa Santa María 84
- Convento de San
   Buenaventura 85
- Iglesia Santa María 83
- Museo Arqueológico,
   Histórico y Etnográfico
   Insular 84

Béthencourt, Jean de 82,
   83, 85
Biosphärenreservat 136

C

Caleta de Fuste 56
Caleta Negra 93
Casa Alta de Tindaya 46
Casa de Felipito, Tetir 49
Casillas del Ángel 51
Castillo de El Tostón, El Cotillo
   36
Castillo de Lara 88
Centro de Interpretación
   de los Molinos,
   Tiscamanita 70
Chillida, Eduardo 46
Cofete 116
Complejo Cultural-
   Patrimonial de La
   Ampuyenta 74
Corralejo 29
Costa Calma 100
Cubas, Juan Miguel 49,
   51, 91
Cueva del Llano, Villaverde
   39
Cuevas de Ajuy 93

D

Degollada de Los Granadillos 91
Diplomatische Vertretun-
   gen 125

E

Ecomuseo La Alcogida,
   Tefía 50
Einreise 123
El Cardón 95
El Cotillo 6, 8, 36
El Puertito de la Cruz 115
El Puertito de Los Molinos
   50
El Puertito, Isla de Lobos 34
Ermita de San Antonio,
   Lajares 35
Ermita de Santa Inés, Valle
   de Santa Inés 80
Ermita Nuestra Señora
   de la Peña, Vega de Río
   Palmas 89
Ermita San Pedro de
   Alcántara, Ampuyenta 75
Ermita Virgen de El Tan-
   quito 95

Esquinzo 9, 105
Events 126

F

Fähren 123
Faro de El Tostón 38
Faro de Jandía 116
Faro de la Entallada 63
Fauna 115
Feiertage 127
Festivals 126
Fiestas Juradas San Miguel
  Arcángel, Tuineje 68
Flughafenbus 123
Franziskaner auf Fuerte-
  ventura 74, 86

G

Geld 127
Gesundheit 127
Giniginámar 65
Grandes Playas 29
Gran Tarajal 64

H

Haustiere 128
Hornos de Cal de la Guirra,
  Caleta de Fuste 56
Hotels 52, 76, 97, 119, 133

I

Iglesia Nuestra Señora de
  la Antigua 72
Iglesia Nuestra Señora de
  Regla, Pájara 91
Iglesia Santa Ana, Casillas
  del Ángel 51
Iglesia Santo Domingo de
  Guzmán, Tetir 48
Information 128
Internet 133
Isla de Lobos 34
Istmo de La Pared 104

J

Jandía 98
Jandía Playa 98, 106, 116

K

Kamelritte 49, 67, 68,
  132
Klima 128
Klimatabelle 129

L

Lajares 35
La Lajita 67
La Oliva 40
- Casa del Capellán 43
- Casa de los Coroneles 41
- Casa Mané 42
- Iglesia Nuestra Señora de
   Candelaria 41
- Museo del Grano La Cilla 43
La Pared 100
Las Playitas 63
Las Salinas 116
Las Salinas del Carmen 59
Llanos de la Concepción 81

M

Manrique, César 43, 88, 109
Medien 129
Mercadillo de Caleta de Fuste
  58
Mercado Artesanal de Tetir 49
Mirador Astronómico de
  Sicasumbre 96
Mirador de Morro Velosa 88
Mirador Guise y Ayose 88
Montaña de la Arena 39
Montaña Tindaya 46
Monumento a Miguel de
  Unamuno 47
Morro Jable 106
- Cachalote 108
- Caminos 109
- Fobos 108
- Mercadillo 112
- Plaza Pescadores 107
- Puerto de Morro Jable 108
- Saladar de Jandía 108
- Tortugas Marinas 108
Museo de la Sal, Las Salinas
  del Carmen 59
Museo del Gofio, Tetir 49
Museo del Queso Majorero,
  Antigua 72

N

Nachtleben 129
Noria, Pájara 92
Notfall 129

O

Oasis Park, La Lajita 67, 69
Öffnungszeiten 130

P

Pájara 91
Parque Félix López, Gran
  Tarajal 64
Parque Holandés 28
Pico de la Zarza 114
Playa Barca, Costa Calma 101
Playa Blanca 26
Playa de Cofete 117
Playa del Matorral 106, 108, 132
Playa del Valle 81
Playa de Ojos 116
Poblado de La Atalayita 62
Post 130
Pozo Negro 61
Puerto de La Torre, Las Salinas
  del Carmen 60
Puerto del Castillo, Caleta de
  Fuste 56
Puerto del Rosario 18
- Casa Museo Unamuno 21
- Centro de Arte Juan
   Ismael 21
- Iglesia Nuestra Señora
   del Rosario 19
- Palacio de Formación y
   Congresos de
   Fuerteventura 22
- Parque Escultórico 20
- Playa de Los Pozos 21
- Wal-Lehrpfad 21
Puerto Lajas 27
Punta de El Pesebre 116

Q

Queso Majorero/Ziegenkäse
  69, 72

R

Radarfallen 65
Ramos, Lisbet Fernández
  109
Rauchen 130
Regiment von La Oliva 42
Risco El Paso 104

S

Salzwiesen 61, 104, 108
Savimax 73
Schildkröten 108, 109
Sicherheit 130
Sisalagave 44
Sport 131

Register

Straßenverkehr 124
Strom und Steckdose
    132

 T

Tarajalejo 9, 66
Tefía 6, 50
Telefon 133
Tetir 48
Timplista, Tetir 49
Tindaya 45
Tiscamanita 6, 70
Trinkgeld 133
Tuineje 68

 U

Übernachten 52, 76, 97, 119
Umgangsformen 133
Unamuno, Miguel de 7, 21, 47
Unterkunft 52, 76, 97, 119, 133

 V

Valle de Santa Inés 80
Vega de Río Palmas 6, 89
Verde Aurora 62
Verkehrsmittel auf der Insel
    135
Villaverde 39
Villa Winter 117, 118

Vulkane 35

 W

Währung 127
Wal-Lehrpfad 21, 60, 64, 108
Windmühlen 27
Winter, Gustav 118
Wüstenrennen 144

 Z

Zeitverschiebung 135
Ziegenkäse/Queso Majorero
    69, 72
Zollbestimmungen 135

Bildnachweis

Titel: Playa de la Pared auf Fuerteventura
Foto: **AWL Images** (Mauricio Abreu)
Rücktitel: links: **HUBER IMAGES** (Olimpio Fantuz); rechts: **stock.adobe.com** (science photo)

AWL Images: Sabine Lubenow 67 – **City Image:** Alamy Stock Photo 23; **Fotolia:** eve 74/75; joël BEHR 6.3; pkazmierczak 62; lunamarina 93 – **gemeinfrei:** 136 – **Getty Images:** Collection Mix: Subjects RF 12.3; Stockbyte 61 – **HUBER IMAGES:** Maurizio Rellini 4/5; Olimpio Fantuz 6.1, 8/9, 11.2; Reinhard Schmid 28/29, 34, 53; Pietro Canali 101 – **imago:** 99.1 – **laif:** Gerald Haenel 11.1, 73 – **look-foto:** Aurora Photos 2.1; age fotostock 27 – **mauritius images:** imageBROKER/Franz Walter 10.2; Ian Dagnall/Alamy 12.2; CW Images/Alamy 13.1, 18/19; AA World Travel Library/Alamy 20; Islandstock/Alamy 32/33; imageBROKER/Andreas Rose 48, 77; Prisma/Gerth Roland 51; imageBROKER/fotosol 57; Westend61/Wolfgang Weinhäupl 66; Thierry GRUN/Aero/Alamy 79.1; imageBROKER/Siepmann 81, 102/103, 112; imageBROKER/Norbert Probst 109; philipus/Alamy 110/111; ALANDAWSONPHOTOGRAPHY/Alamy 118 – **Shutterstock.com:** Kryzak 2.2; Tamara Kulikova 6.2, 114; nito 7; arvernho 9, 79.3; tommaso lizzul 10.1; mangojuicy 58; underworld 60; aaabbbccc 69; RossHelen 82/83, 88, 144; holbox 84; fritz16 91; JackCo 106/107 – **stock.adobe.com:** science photo 5.1, 11.3; karepa 5.2; Brigida Soriano 14/15; lunamarina 35, 40/41; nito 37; pkazmierczak 45, 70/71; sotavento1000 47; Neissl 95, 96; stylefoto24 104; zm_photo 117

Impressum

Herausgeber: GRÄFE UND UNZER VERLAG GmbH, Postfach 86 03 66, 81630 München
Leitender Redakteur: Benjamin Happel
Autorin: Sabine May
Verlagsredaktion: Katja Tegler (verantw.), Nora Köpp, Gernot Schnedlitz, Nadia Turszynski
Lektorat: Rosemarie Elsner
Satz: kreativsatz, Nadine Thiel, Baldham
Bildredaktion: Dr. Nafsika Mylona
Schlusskorrektur: Ulla Thomsen
Reihengestaltung: Eva Stadler
Kartografie: Kunth Verlag GmbH & Co. KG, München
Herstellung: Mendy Willerich
Druck: Drukarnia Dimograf Sp z o.o. (Polen)

Ansprechpartner für den Anzeigenverkauf:
KV Kommunalverlag GmbH & Co. KG, MediaCenter München,
Tel. 089/928 09 60

Ein Unternehmen der
GANSKE VERLAGSGRUPPE

ISBN 978-3-95689-400-8
1. Auflage 2018

© 2018 GRÄFE UND UNZER VERLAG GmbH, München
ADAC Reiseführer Markenlizenz der ADAC Verlag GmbH & Co. KG, München

Leserservice
adac@graefe-und-unzer.de
Tel. 00800/72 37 33 33 (gebührenfrei in D, A, CH)
Mo–Do 9–17 Uhr, Fr 9–16 Uhr

Bei Interesse an maßgeschneiderten B2B-Produkten:
veronica.reisenegger@graefe-und-unzer.de

Das Magazin mit den schönsten Seiten der Welt.

■ Spannende, exklusiv recherchierte Reportagen ■ Mehr als 250 brillante und stimmungs-
volle Fotos ■ Zahlreiche Übersichtskarten und Detailpläne ■ Serviceseiten mit Insider-
Tipps und Hintergrundinfos.

Überall, wo es Bücher gibt, und beim ADAC.

www.adac.de/shop

Unterwegs auf der Insel

Mit dem Trike

Schöner als im Mietwagen kurvt es sich im offenem Trike über die Insel. Auf den Bergstrecken bei Betancuria können Sie sich den Fahrtwind um die Nase blasen lassen. Der Pkw-Führerschein genügt. Auch für Familien geeignet!

◼ Siehe Details S. 103

Im Wohnmobil

Fuerteventura ist ein Paradies für Wohnmobilisten. Überall finden sich schöne Plätze an einsamen Stränden, wo Sie bis zu zwei Tage verweilen dürfen. Am besten, Sie mieten einen Camper

◼ Siehe Details S. 61, 133

Fahrrad

Radfahren ist auf der Insel immer mehr im Kommen. Verleihe gibt es in den Ferienorten. Das ausgeschilderte, 225 km lange Routennetz umfasst 34 Wege, darunter gut ausgebaute für Cityräder, vor allem aber Pistenstrecken für Mountainbiker.

◼ Siehe Details S. 34, 131

Rollerskating

Packen Sie doch Ihre Rollerskates in den Koffer. In Morro Jable bietet sich der gut 3 km lange, für Radfahrer, Jogger und Walker angelegte Promenadenweg hinter der Playa del Matorral auch zum Rollschuhfahren an.

◼ Siehe Details S. 106

Wüstenrennen

Passionierte Läufer können jedes Jahr Anfang November am Halbmarathon durch die Dünen bei Corralejo teilnehmen. Auf Amateure und weniger Geübte wartet der 8 km lange Dünenlauf »El Quintillo«. Anmeldung erforderlich.

◼ www.mmdunasfuerteventura.com